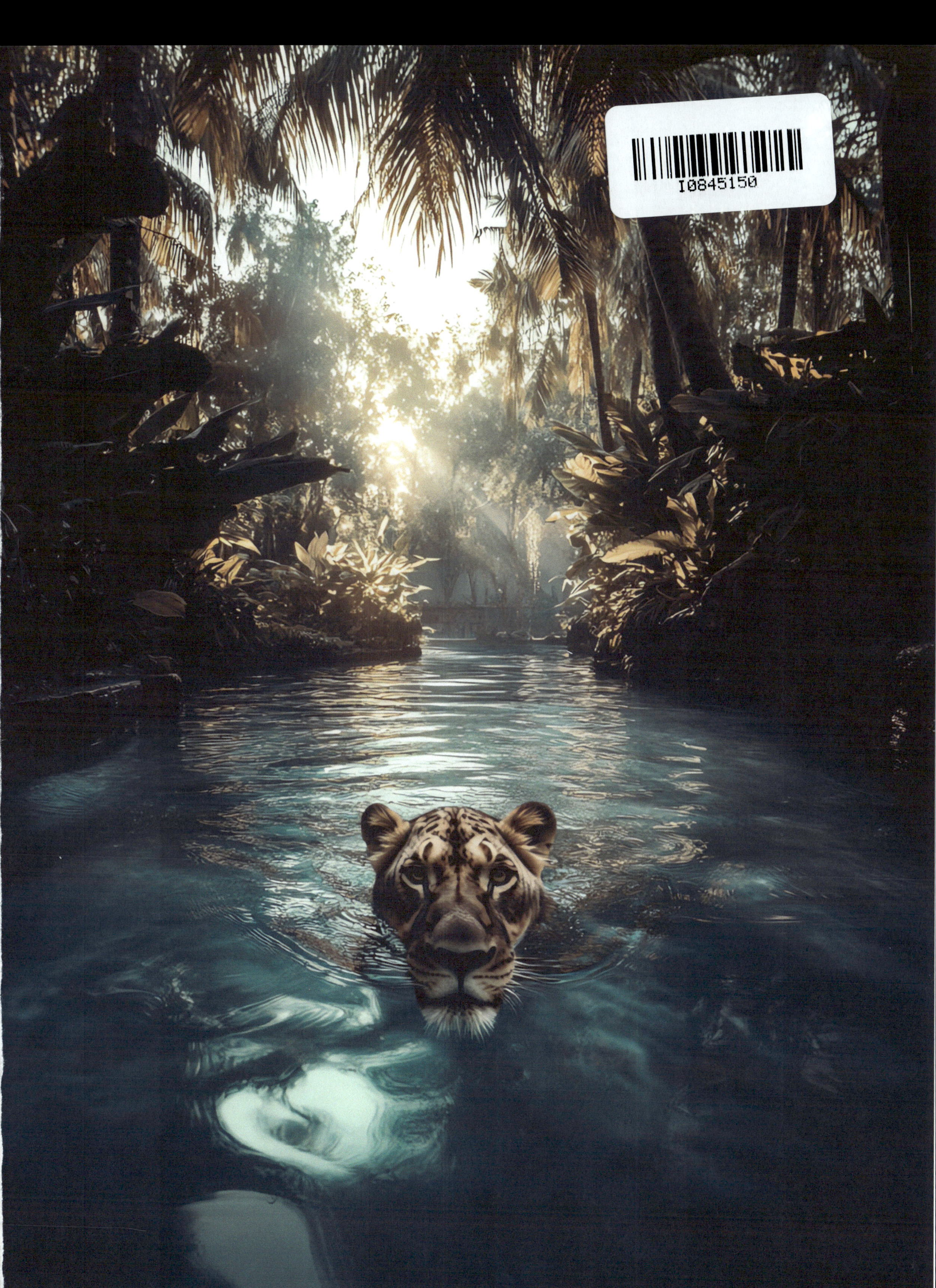
I0845150

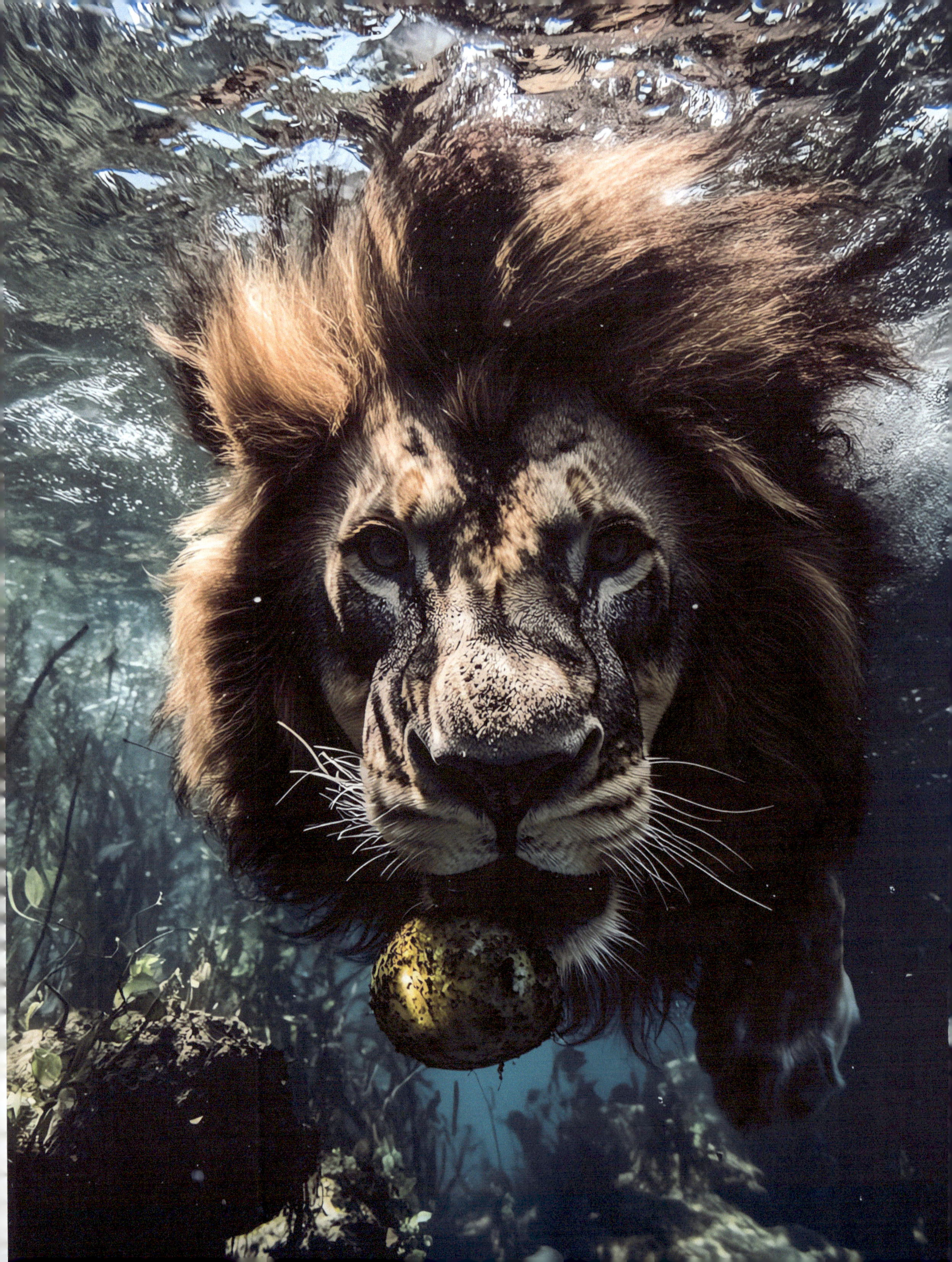

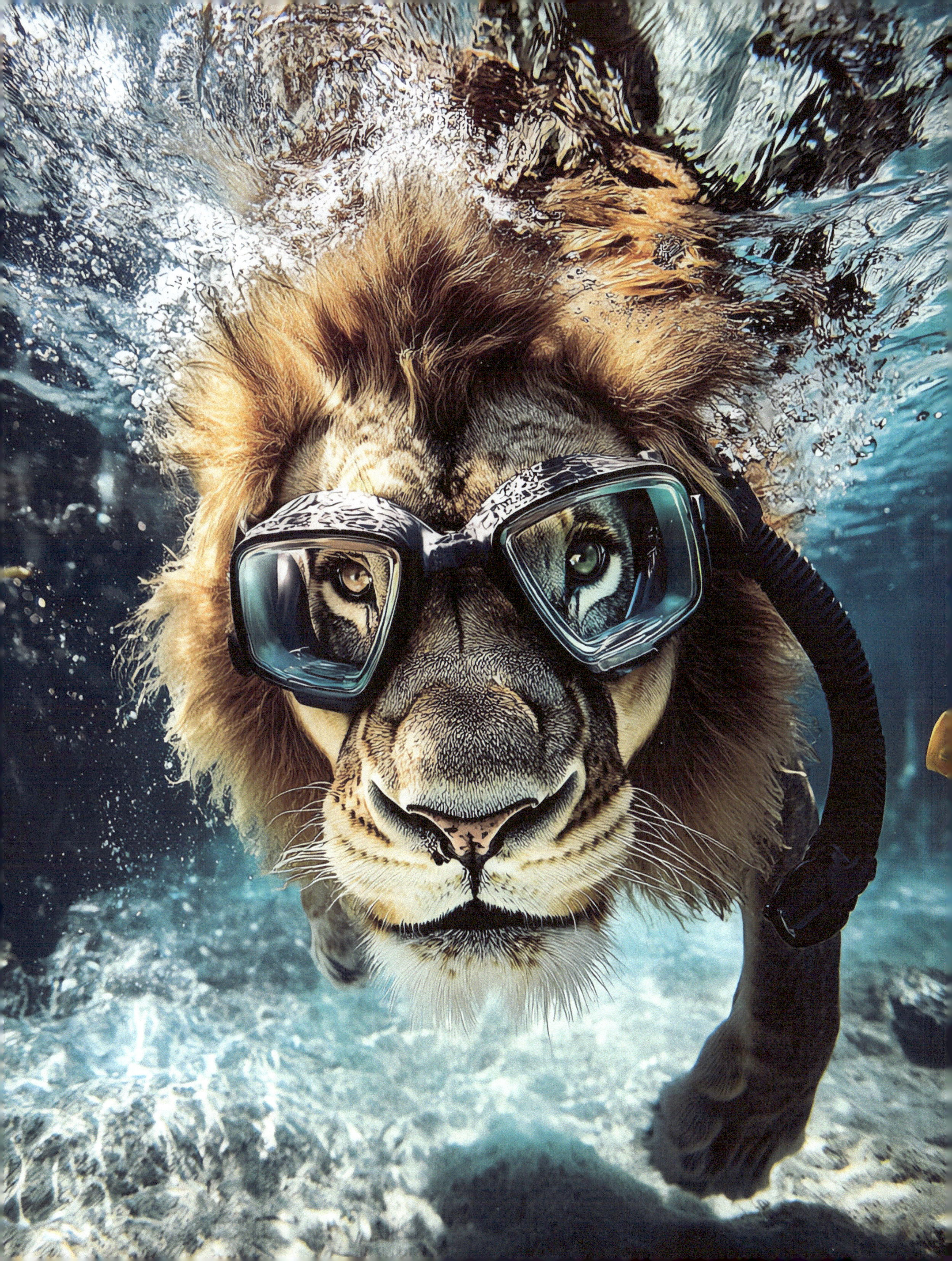

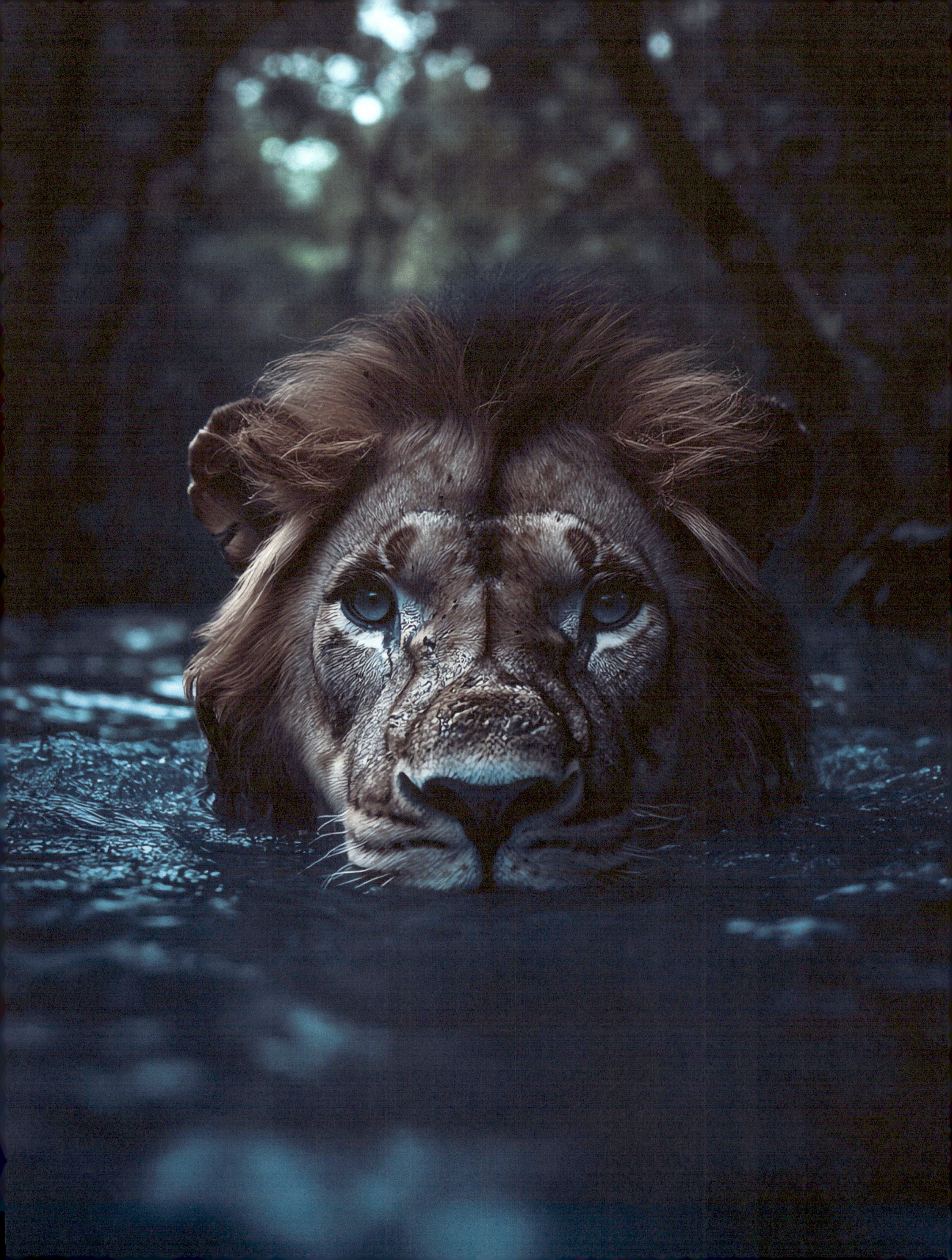

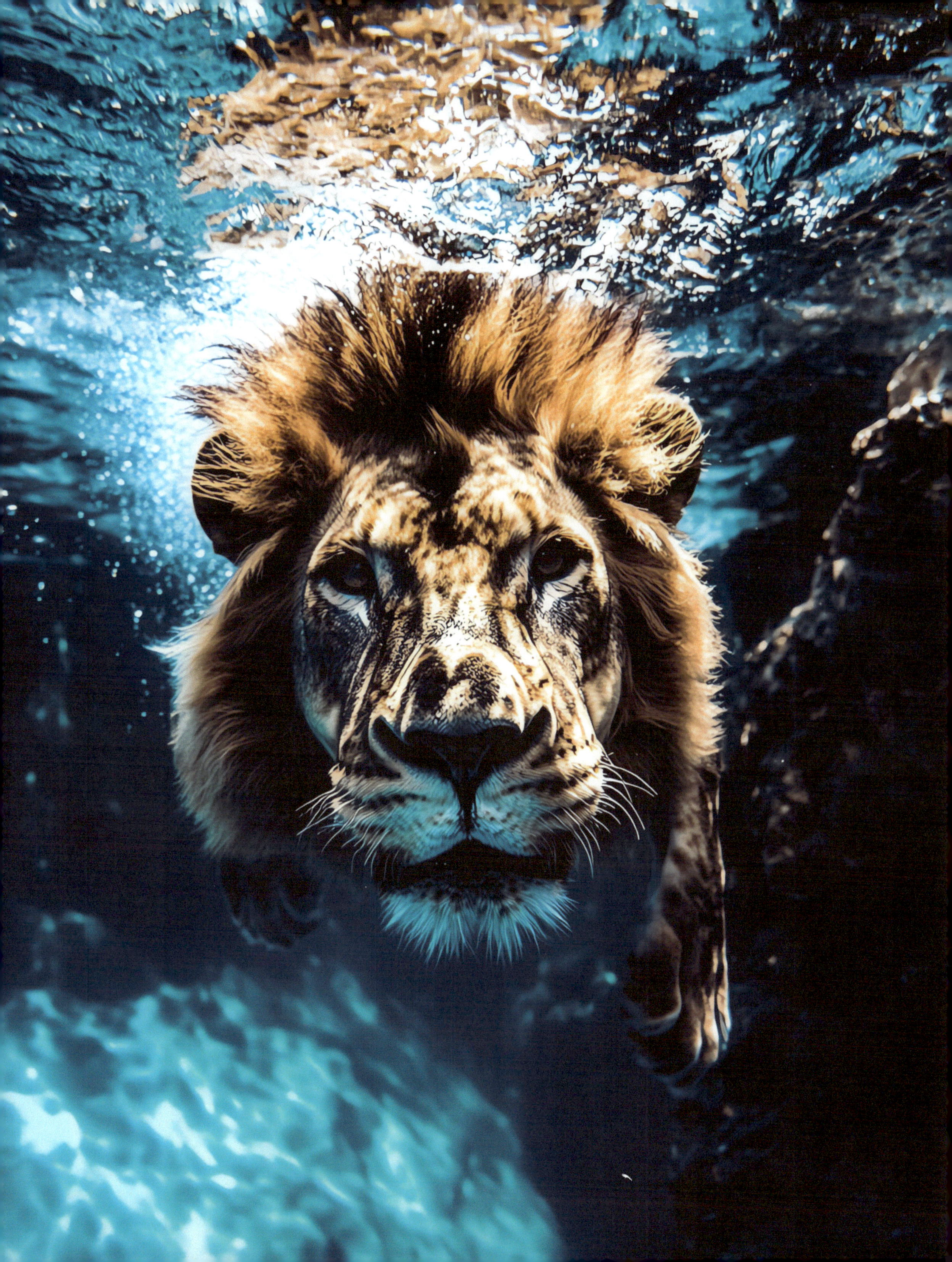

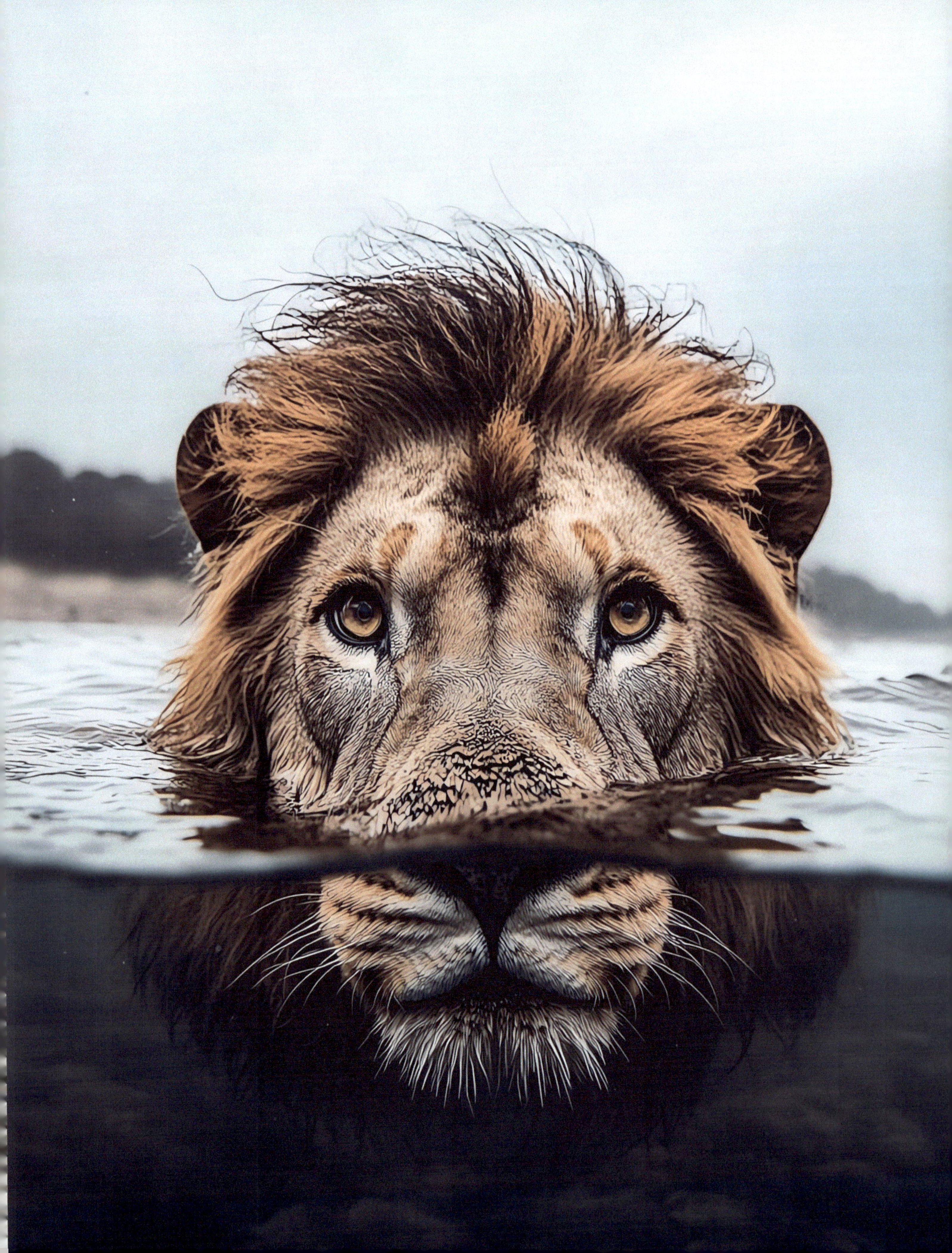

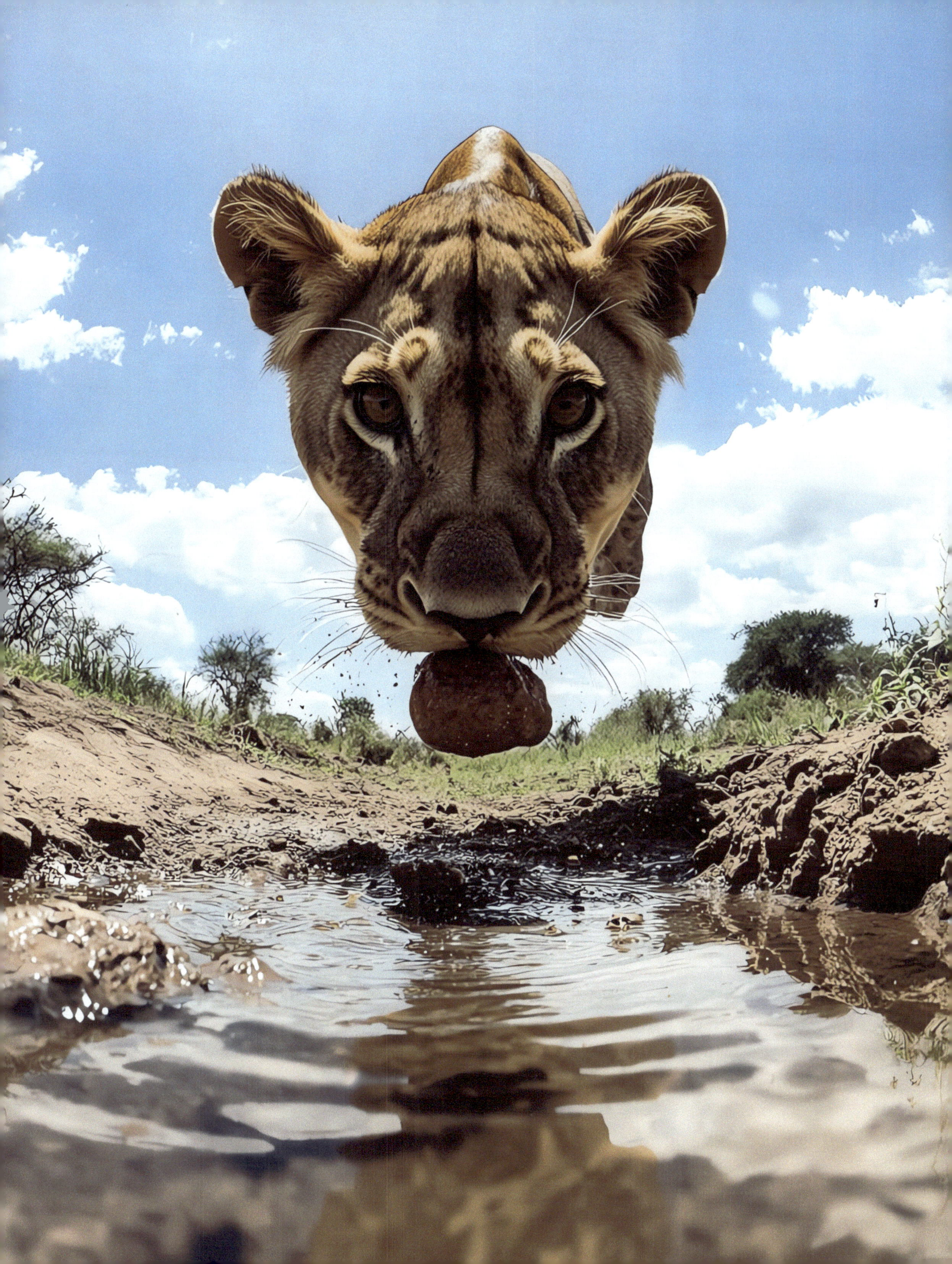

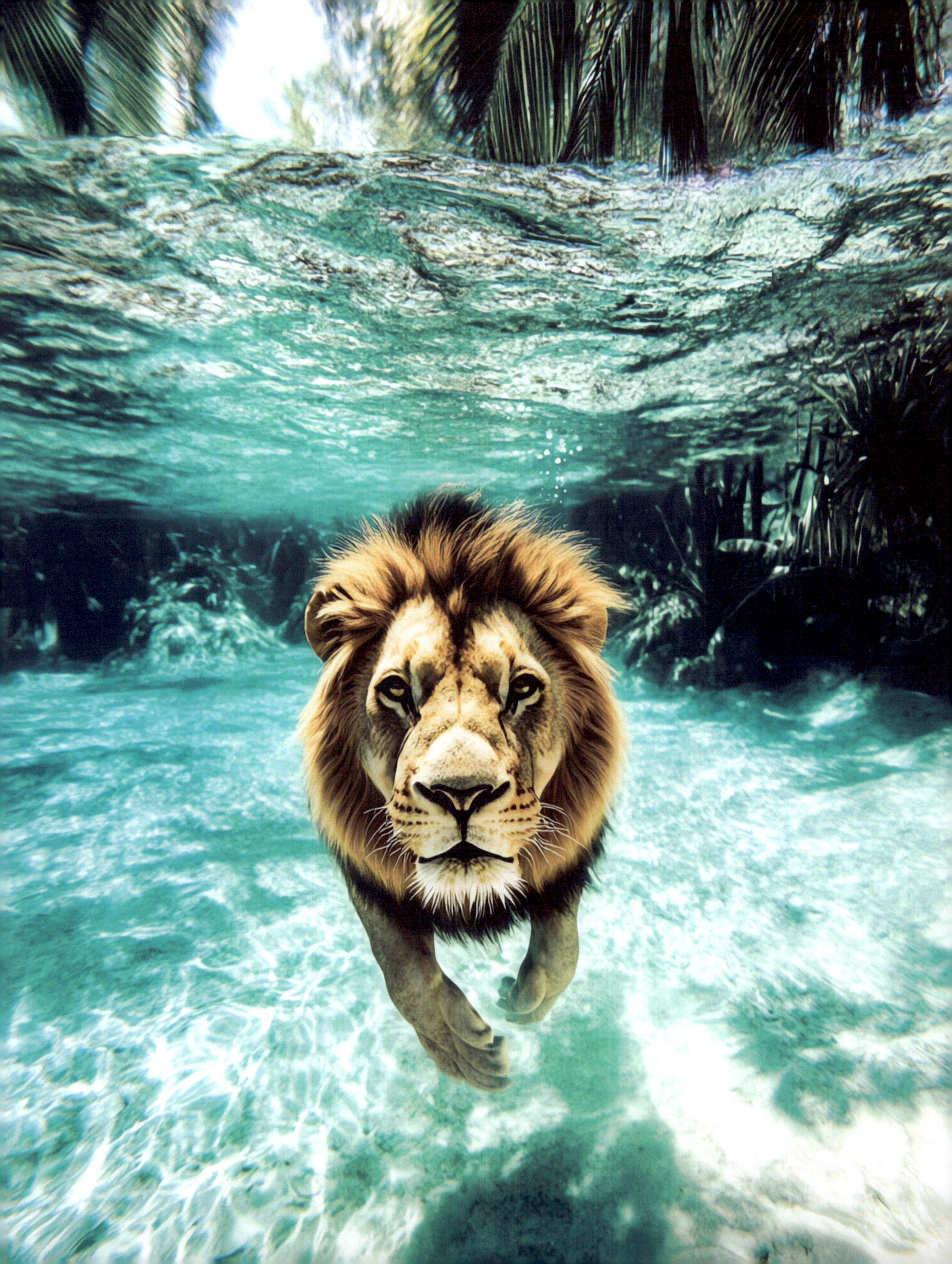

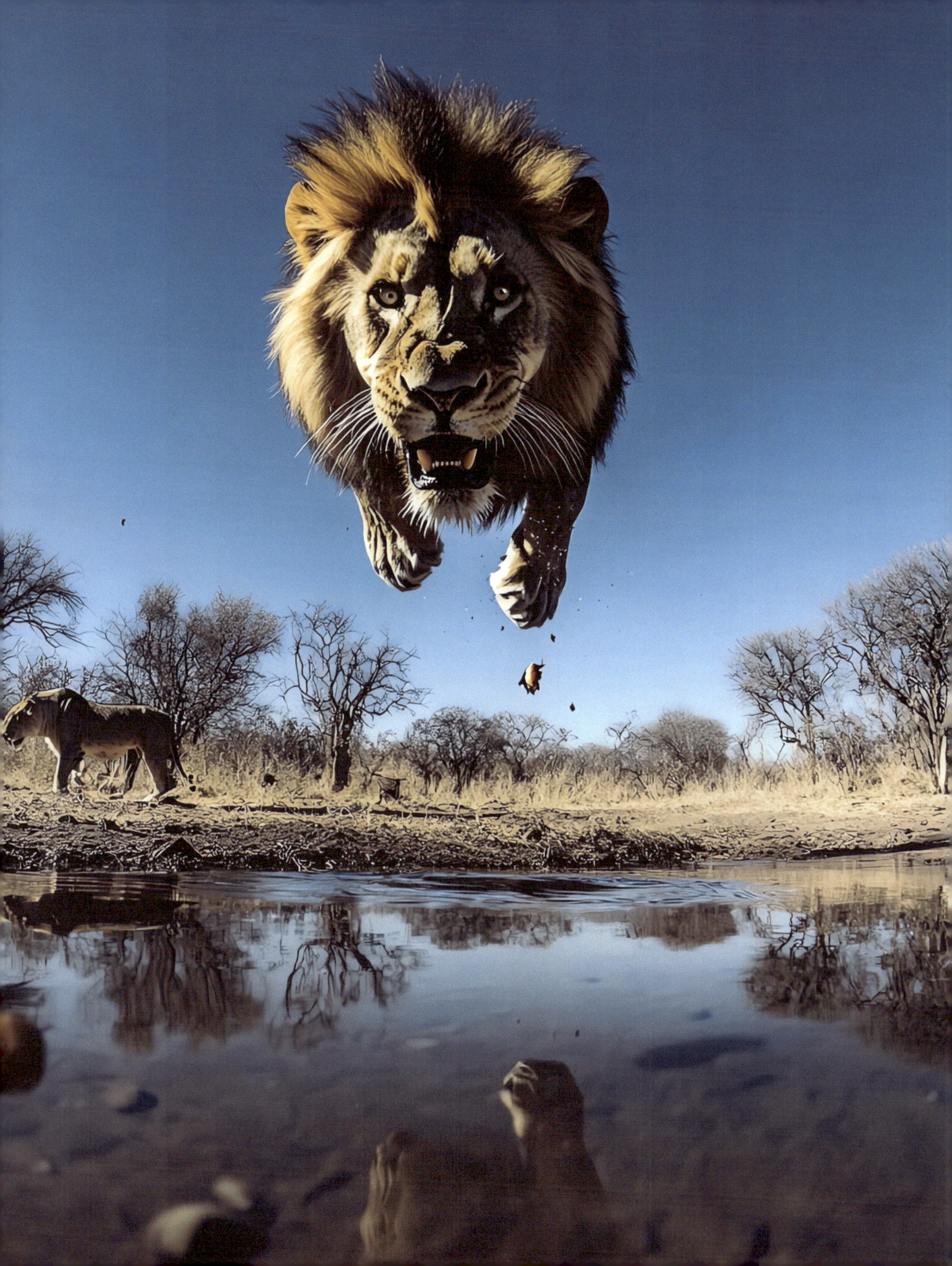

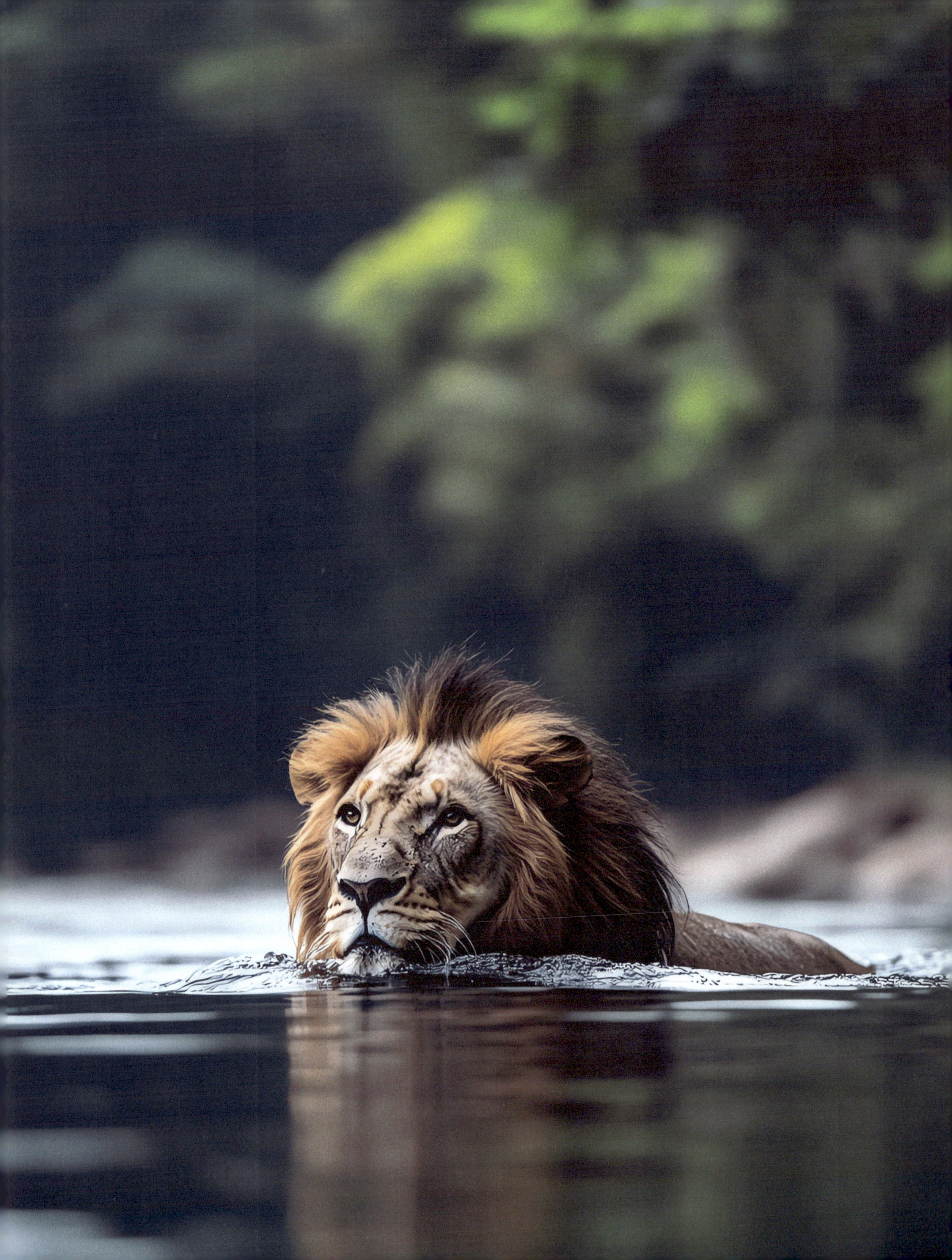

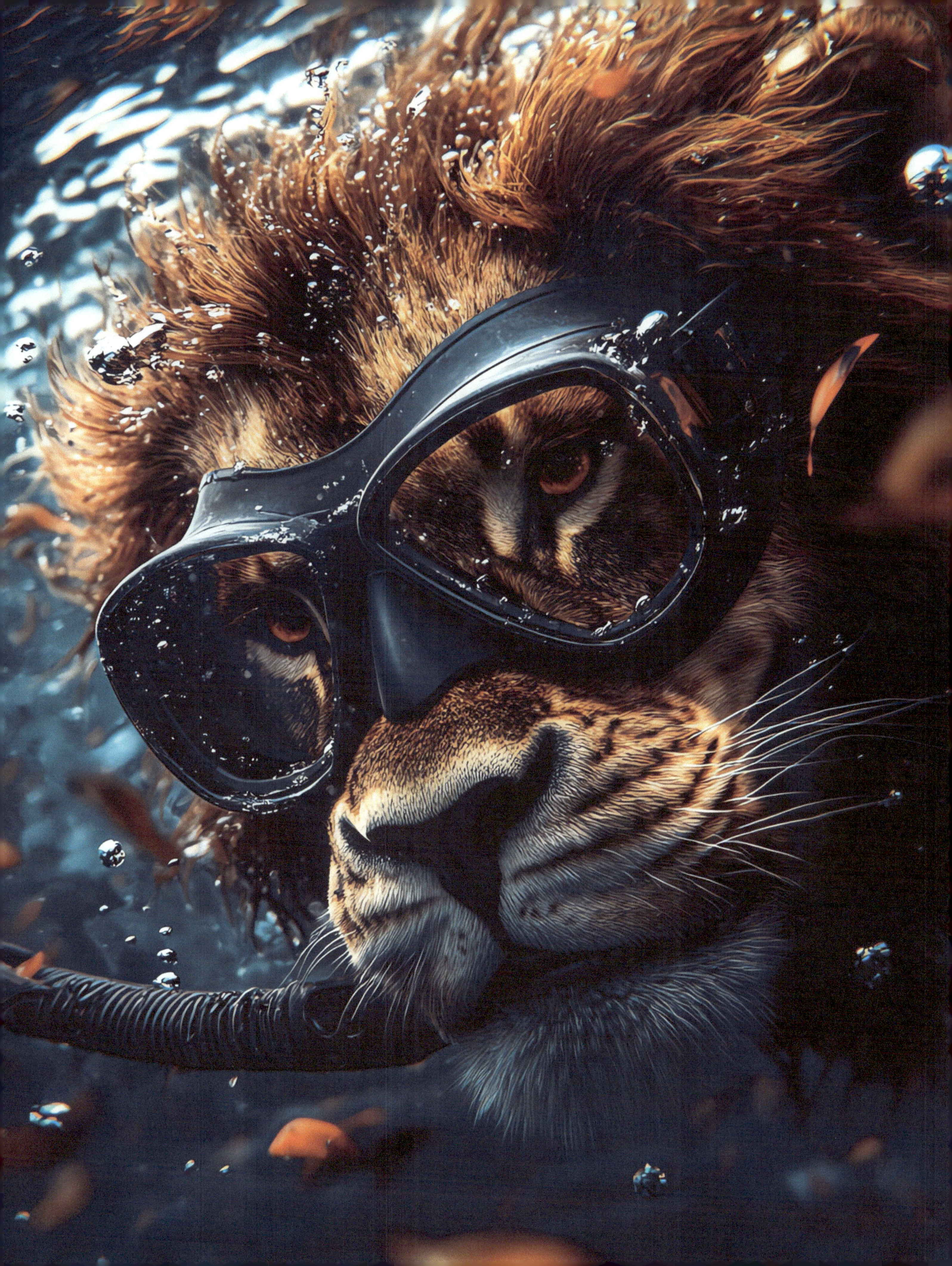

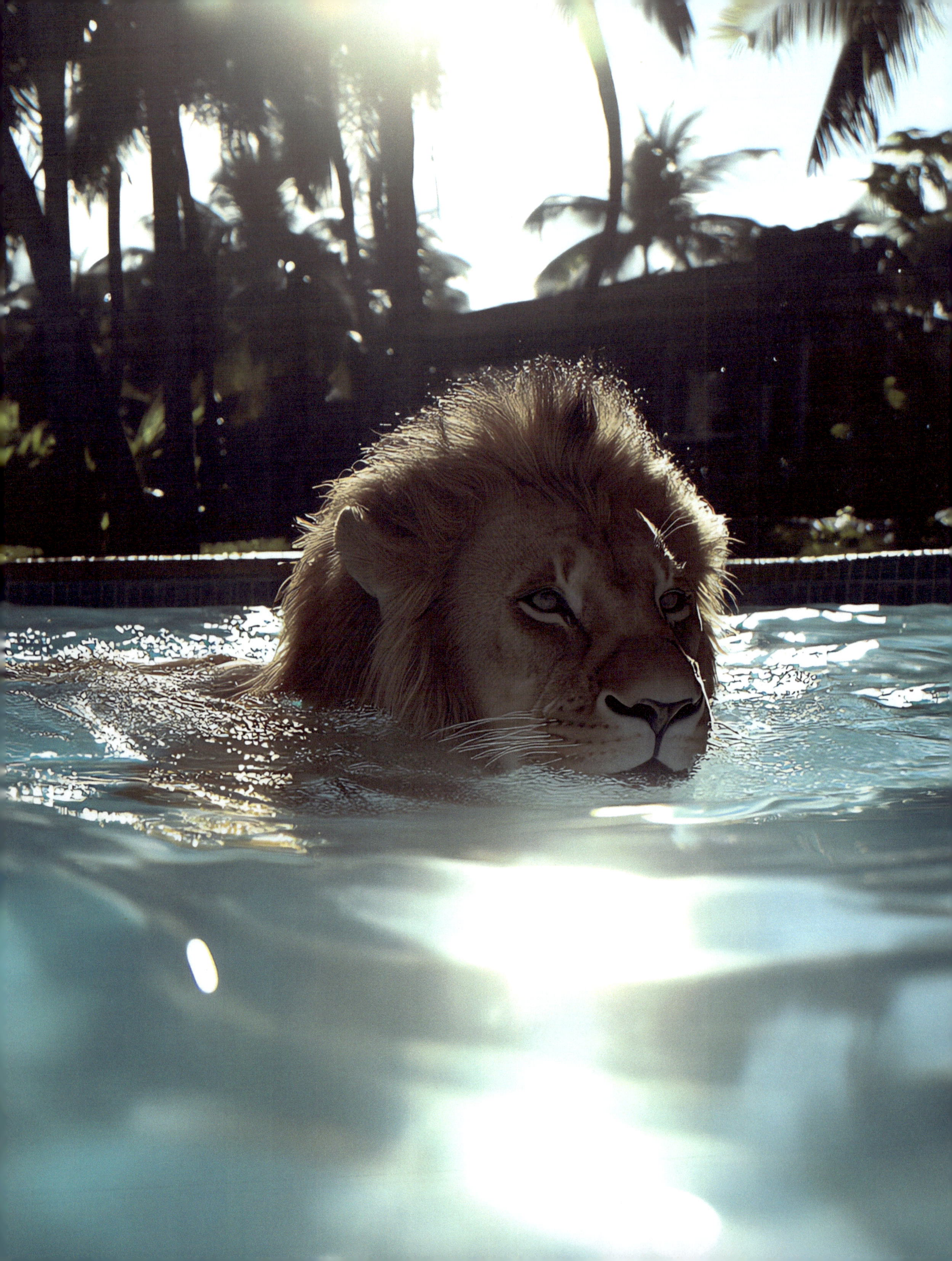

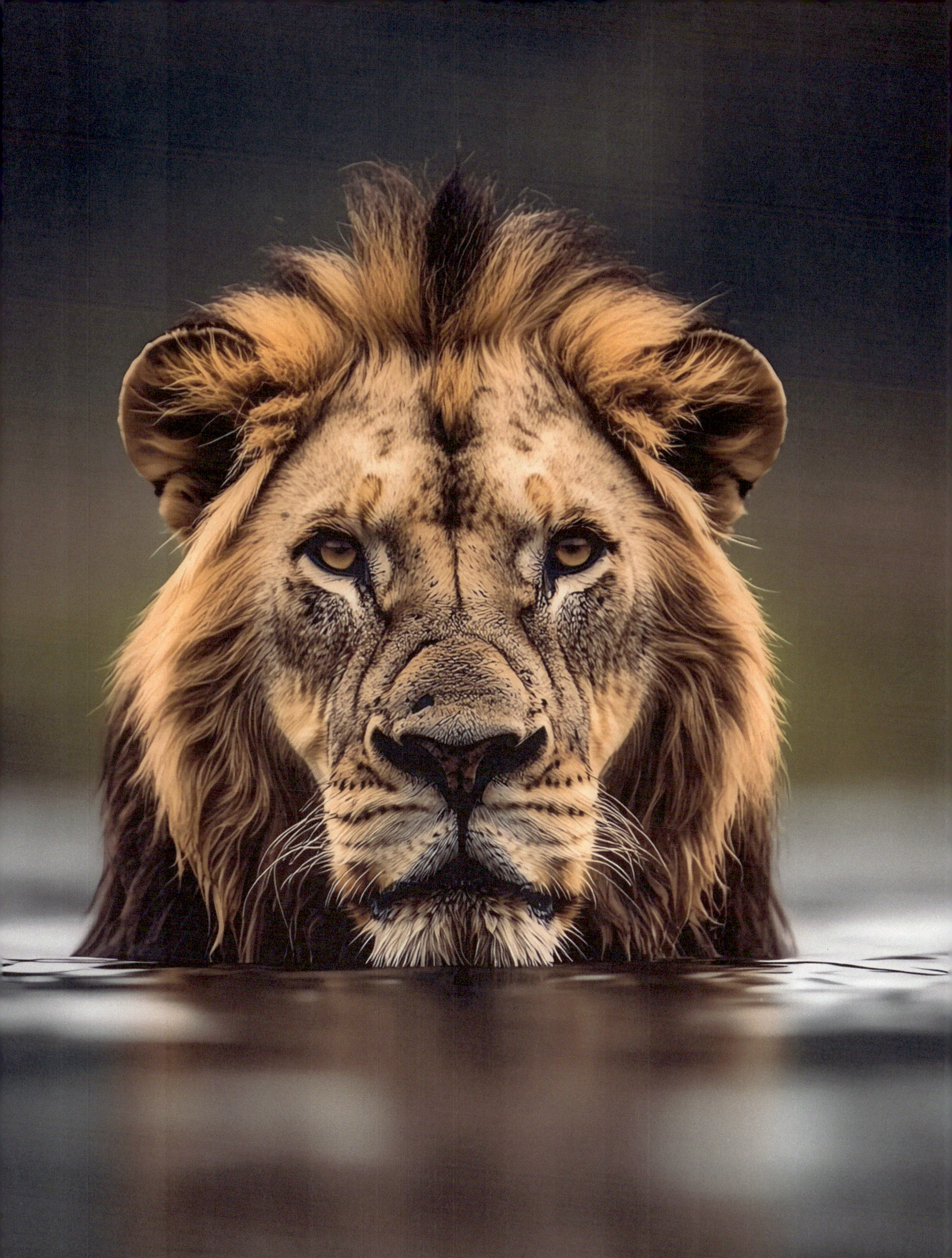

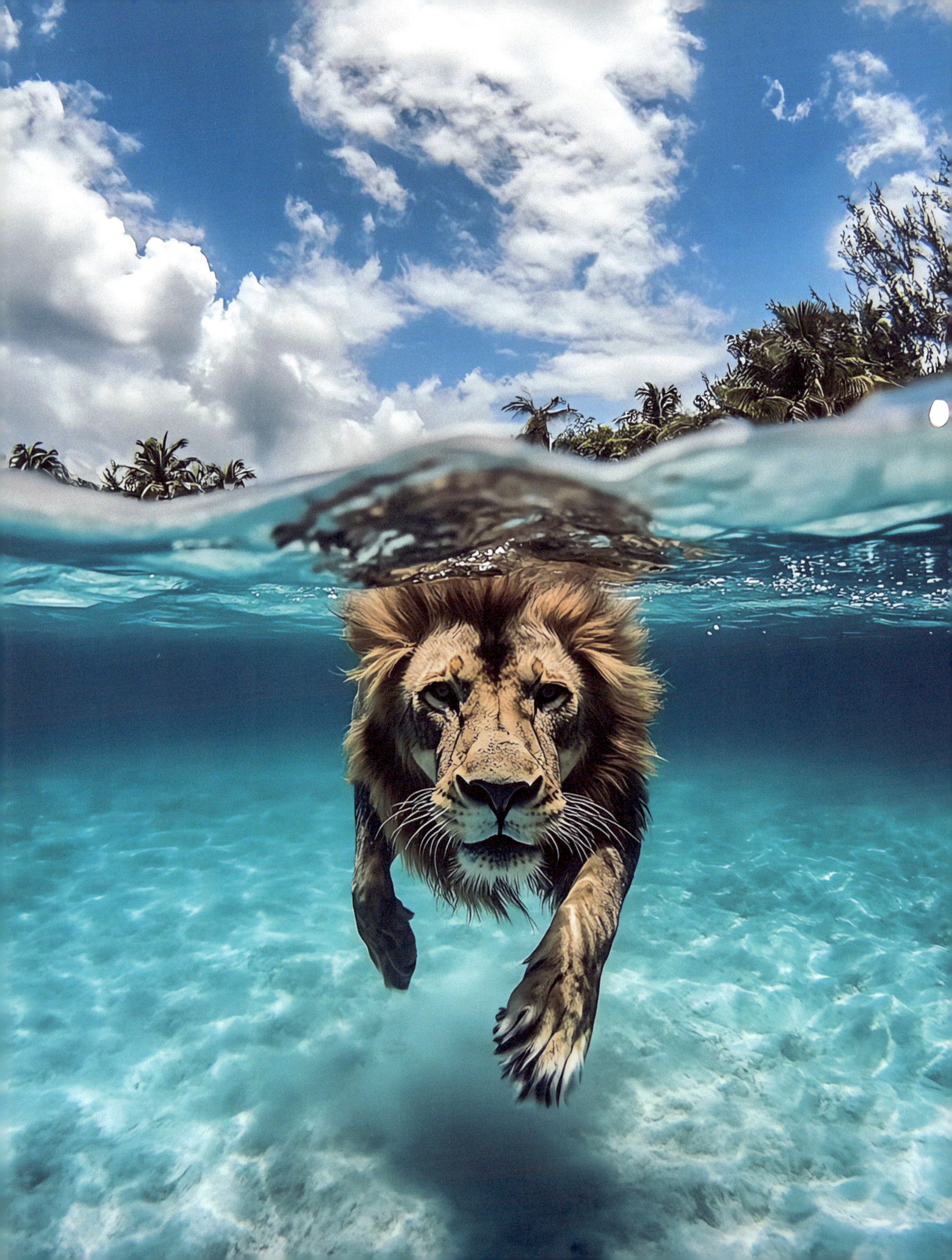

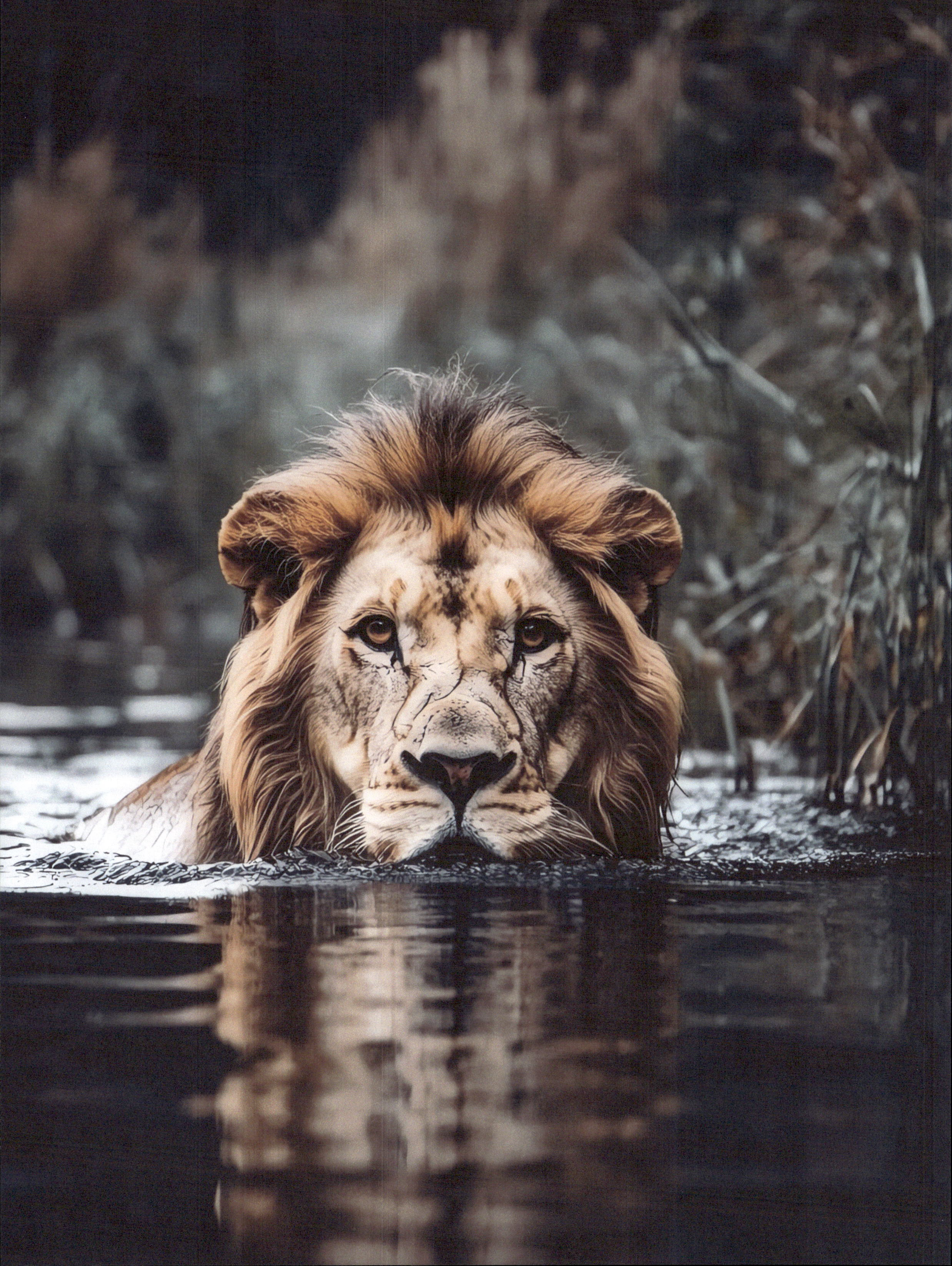

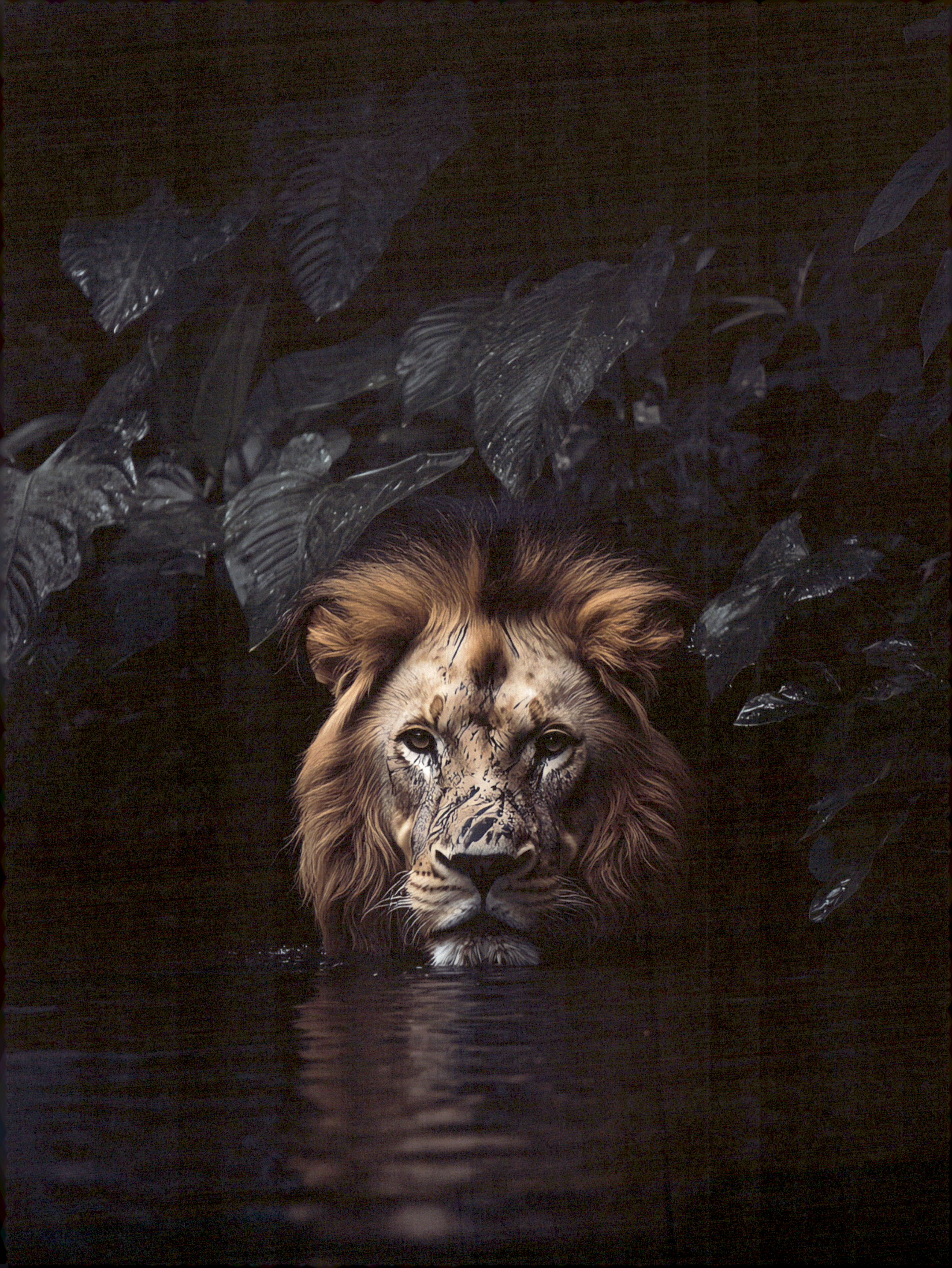

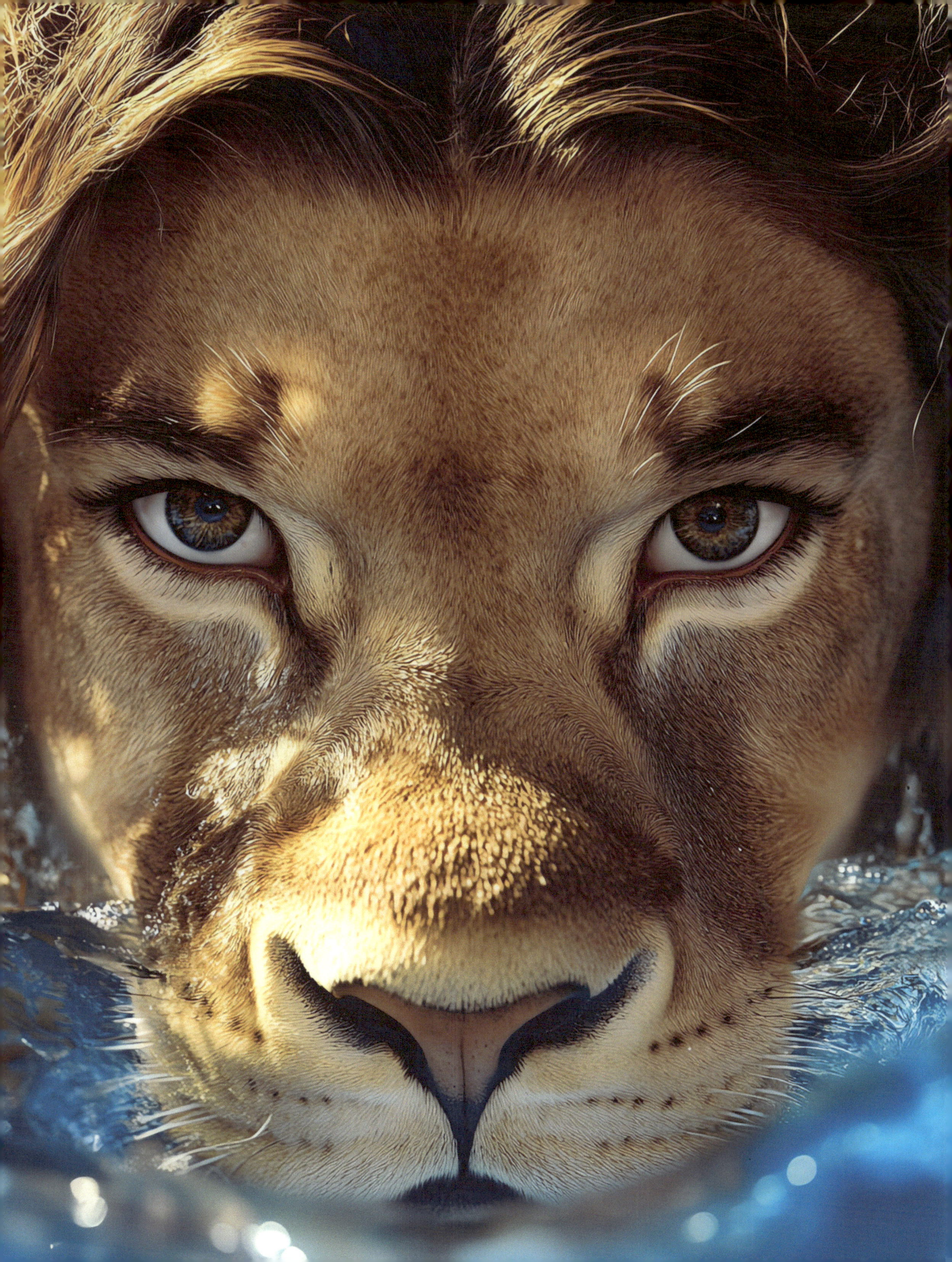

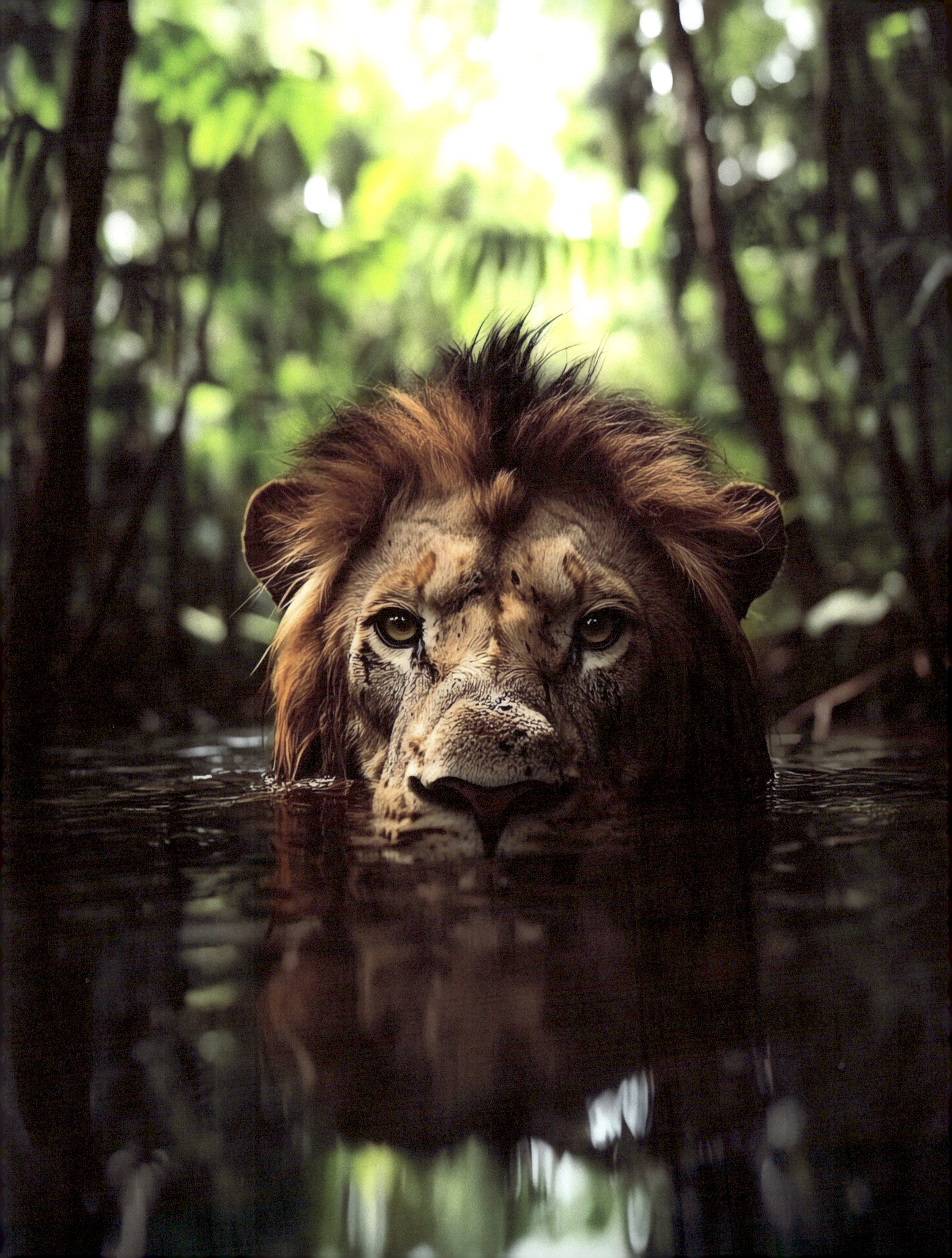

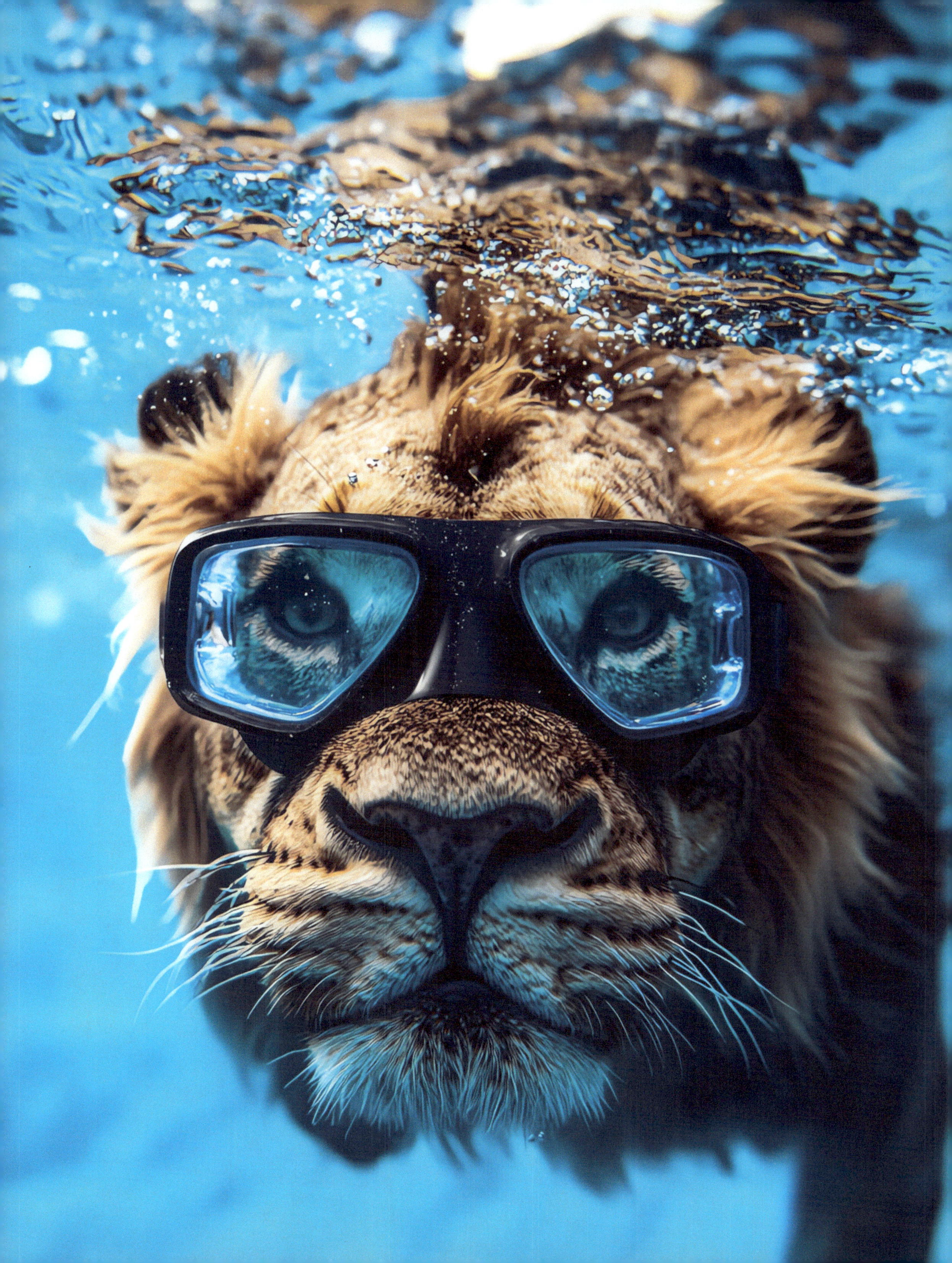

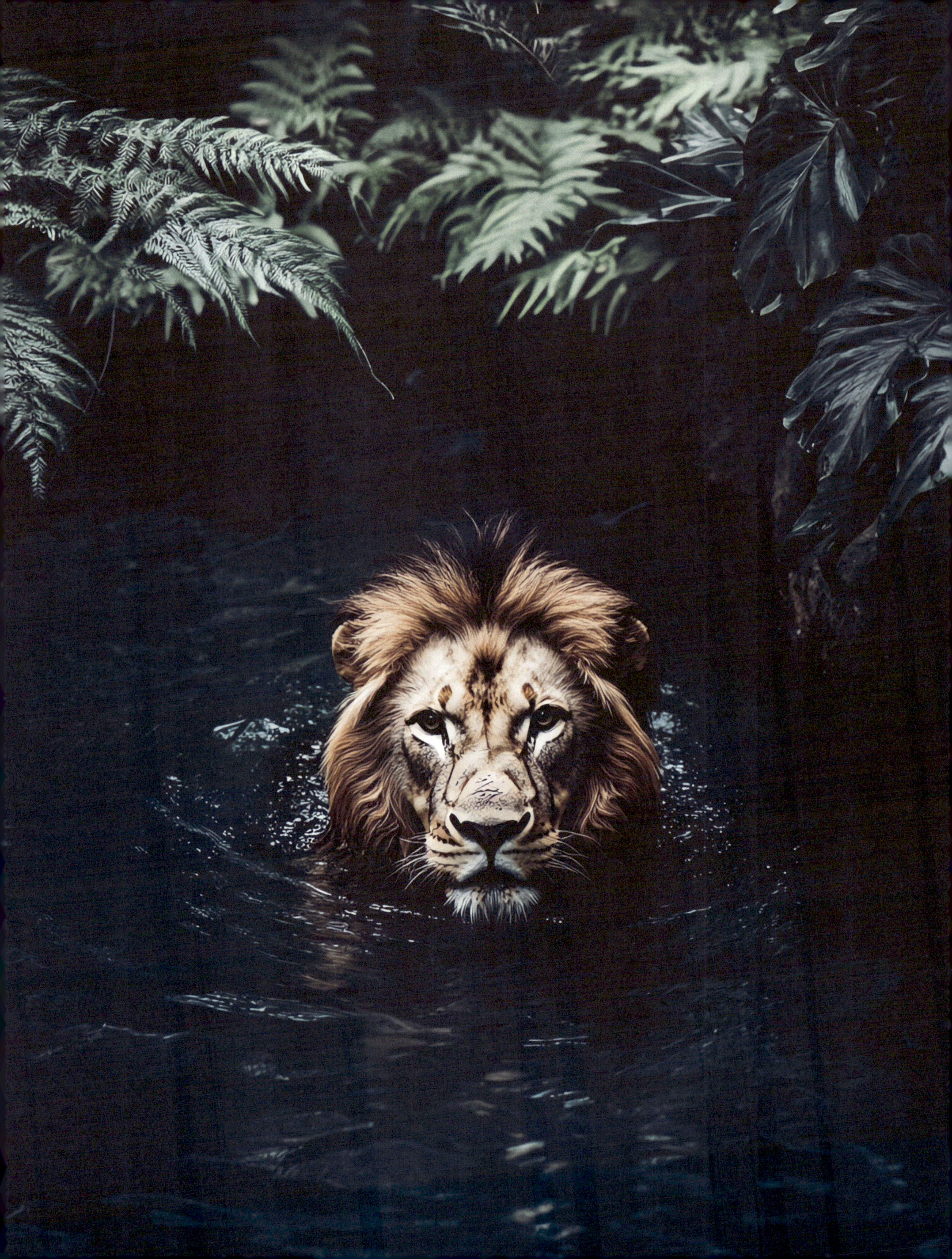

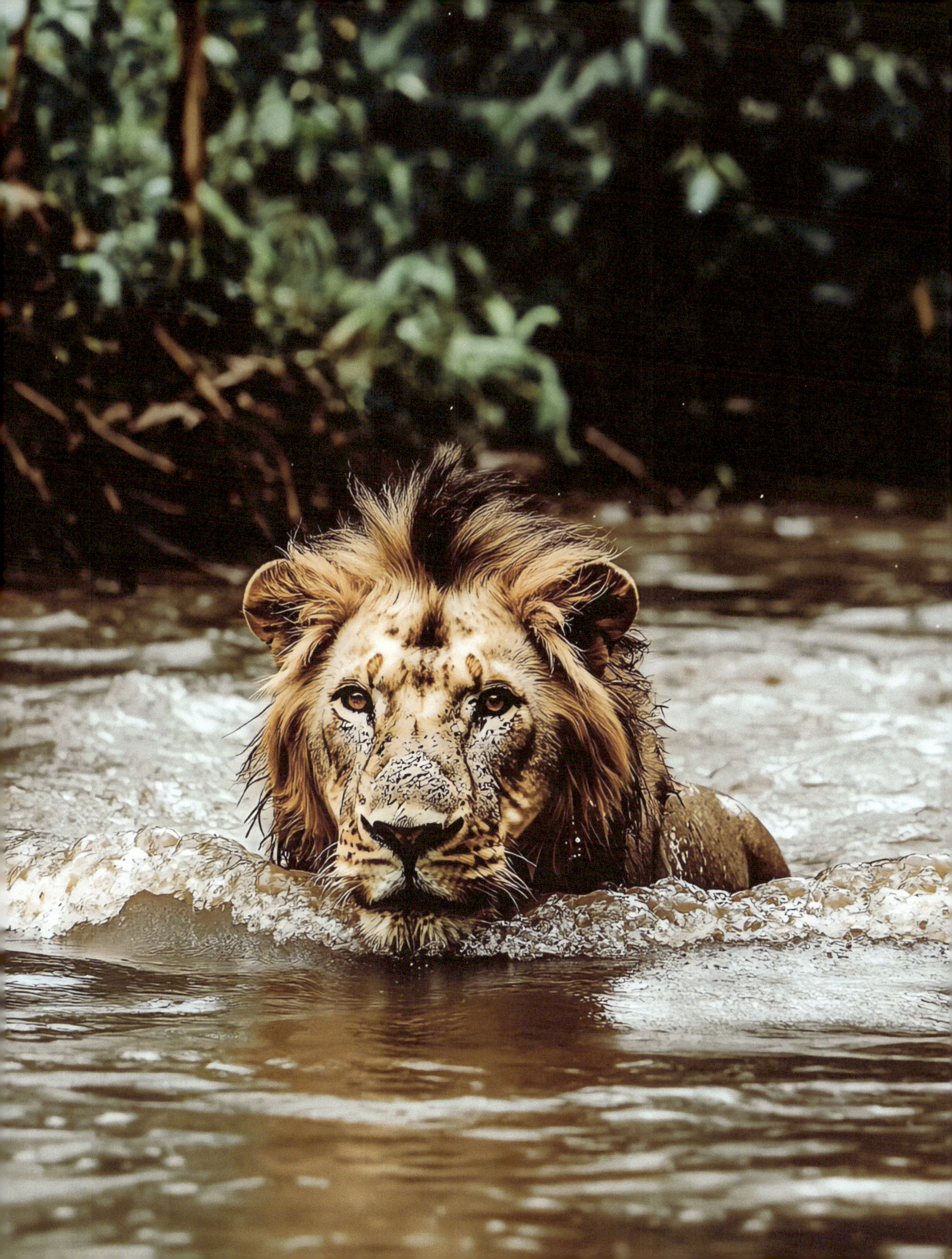

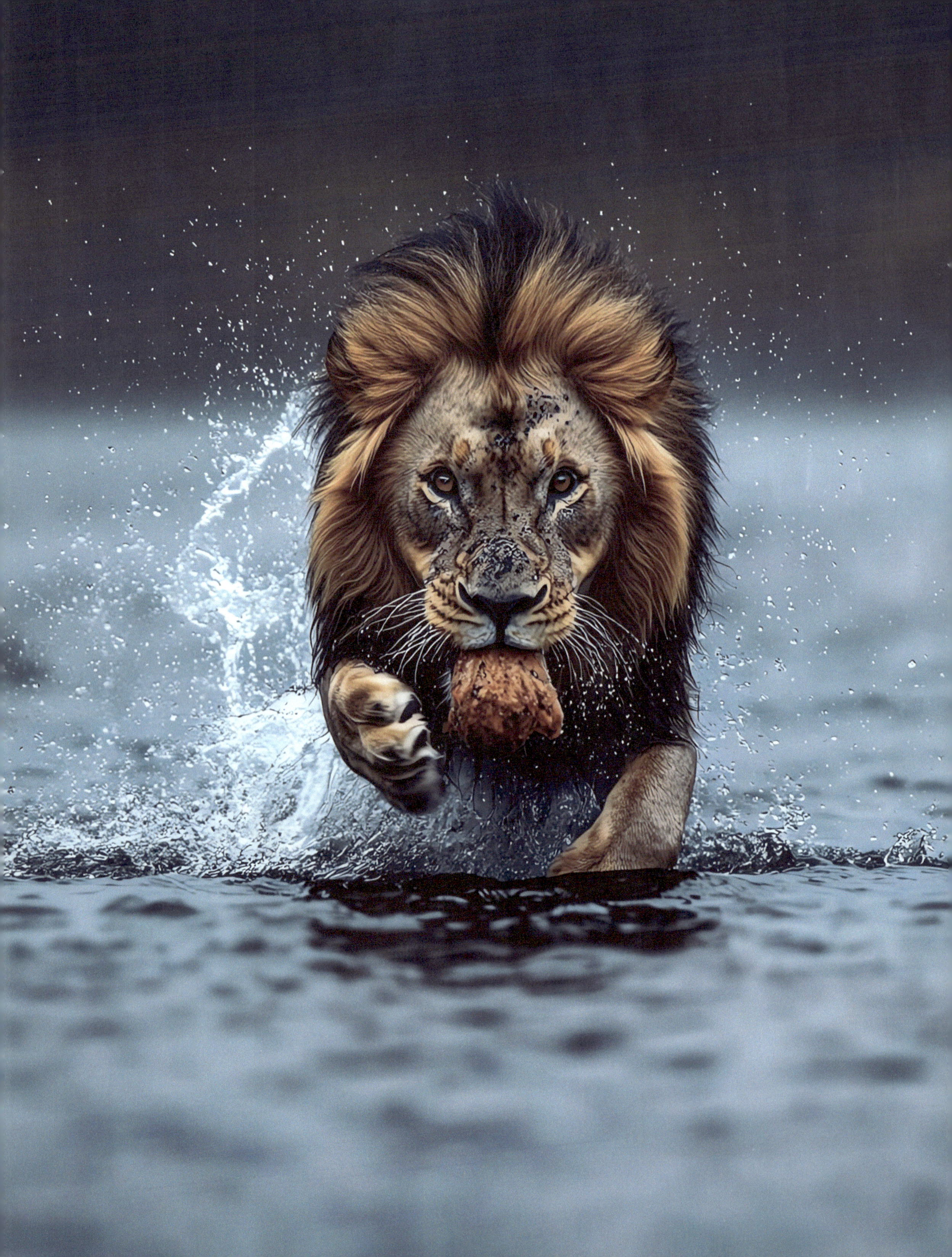

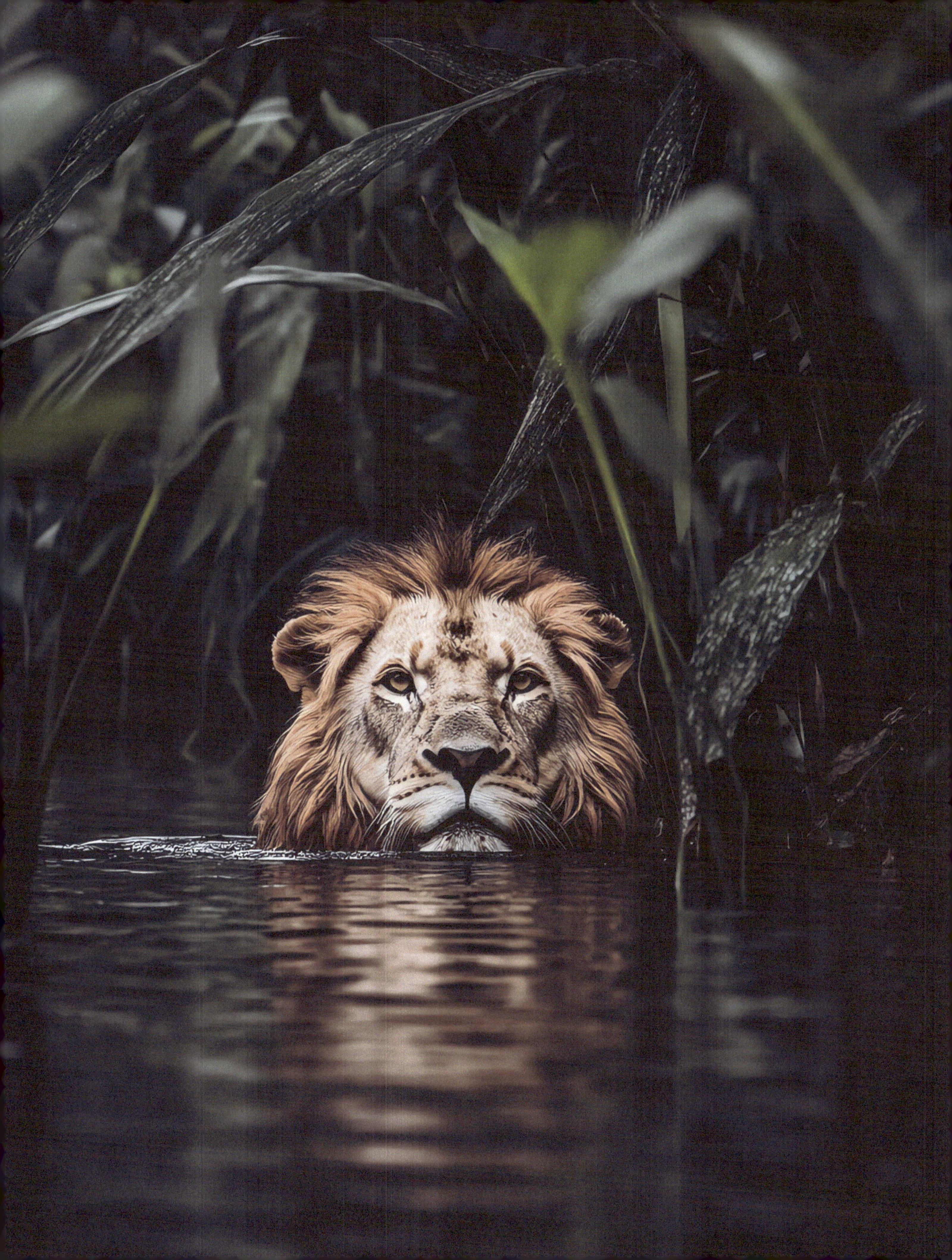

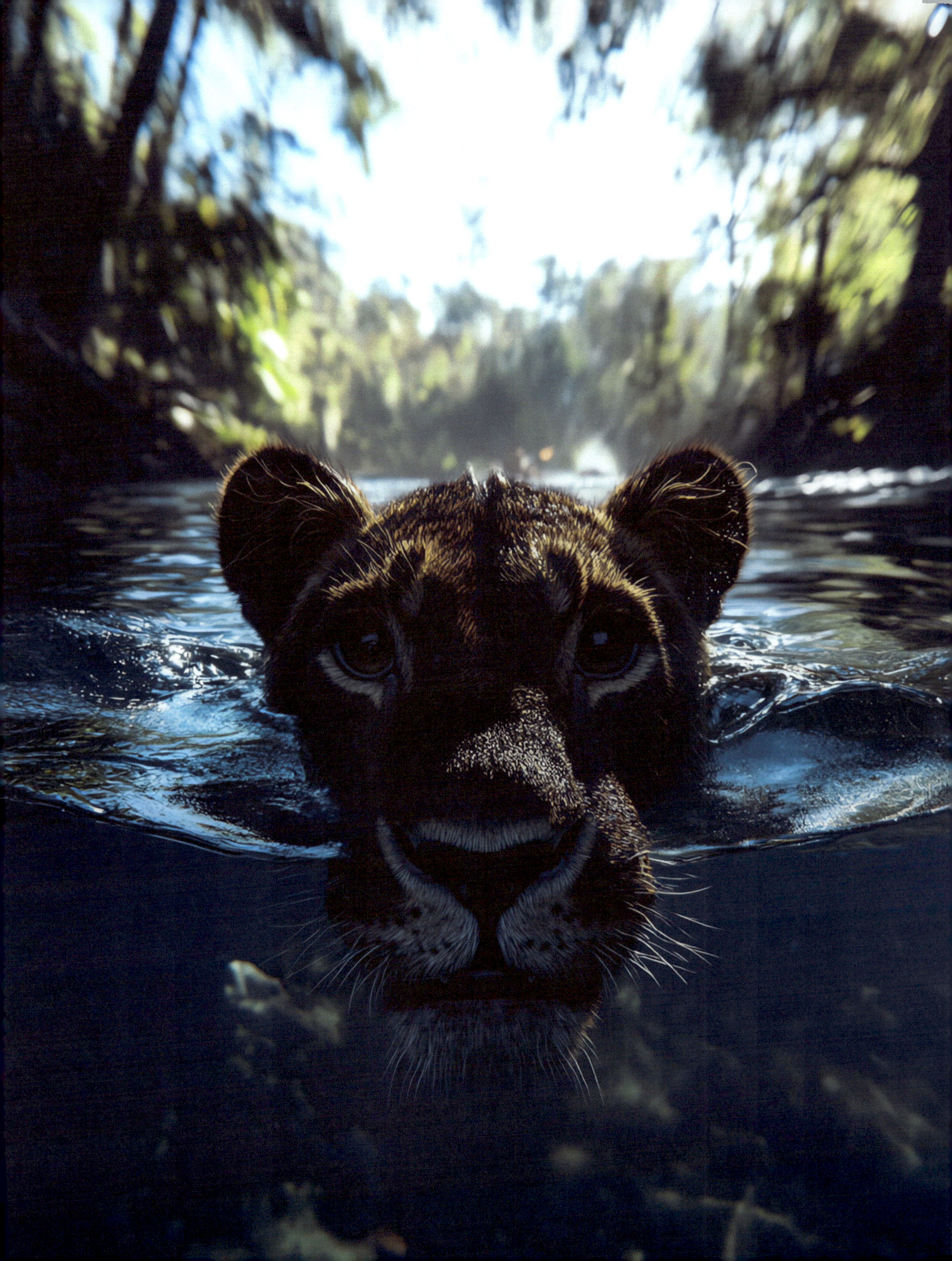

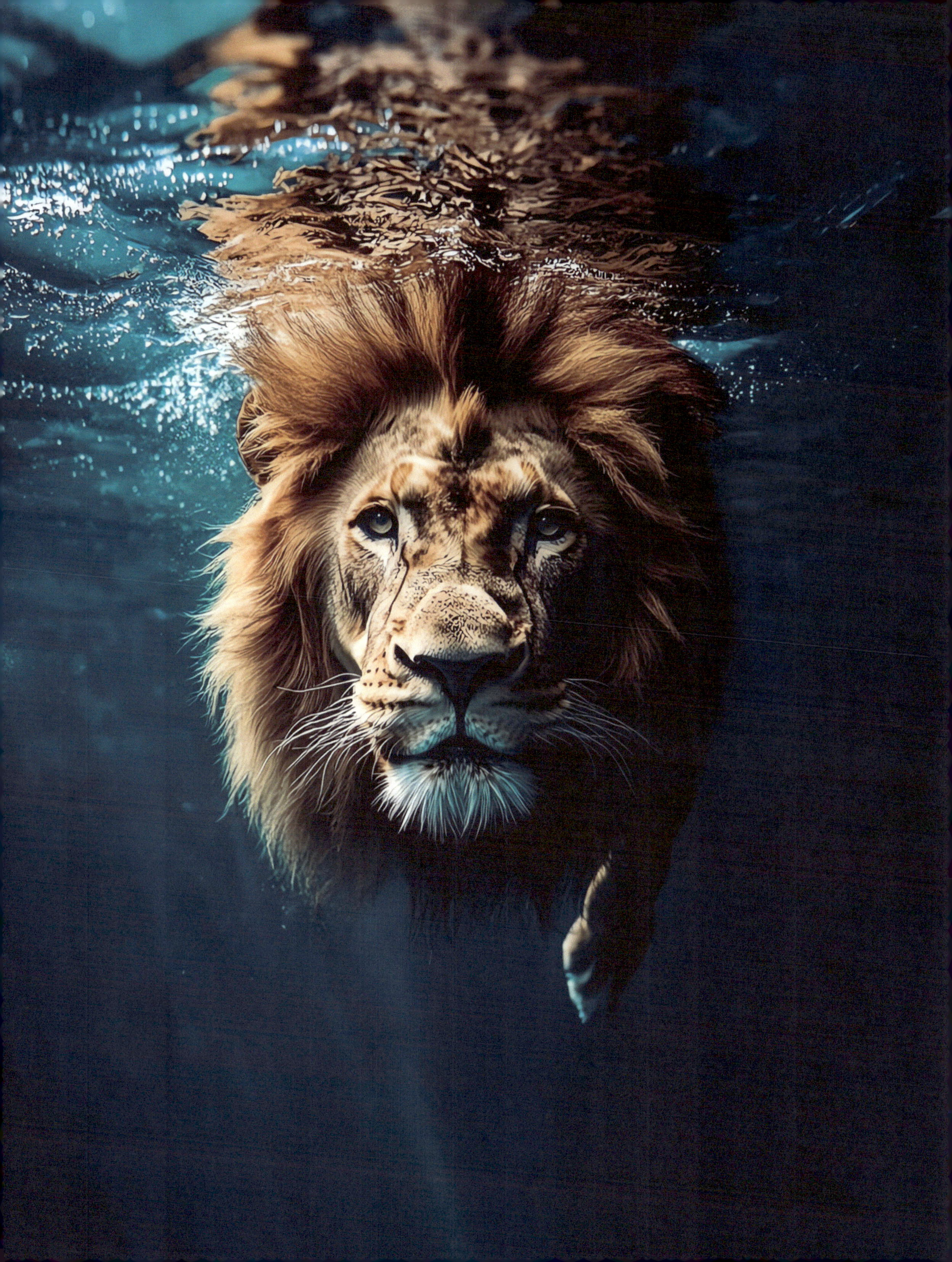

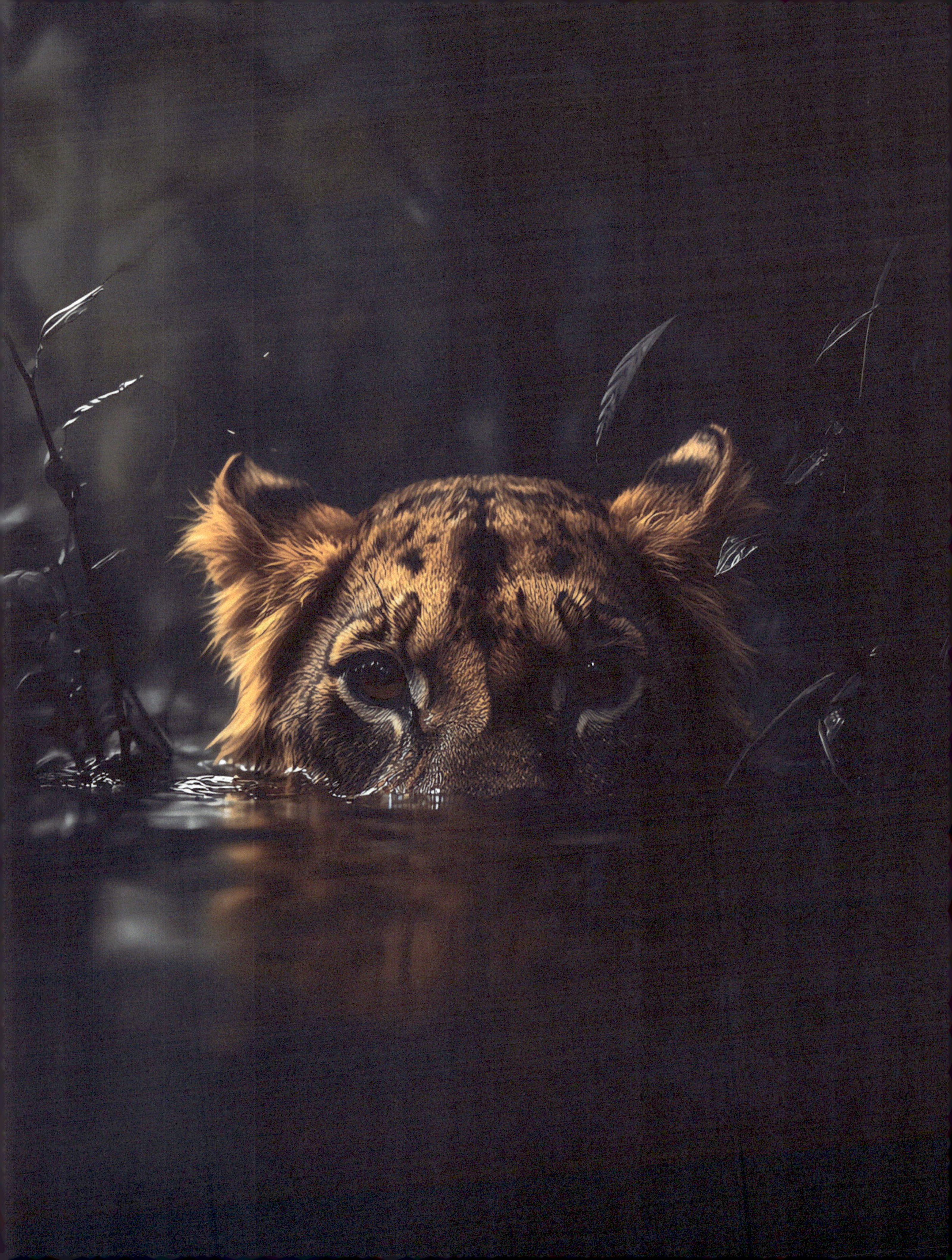

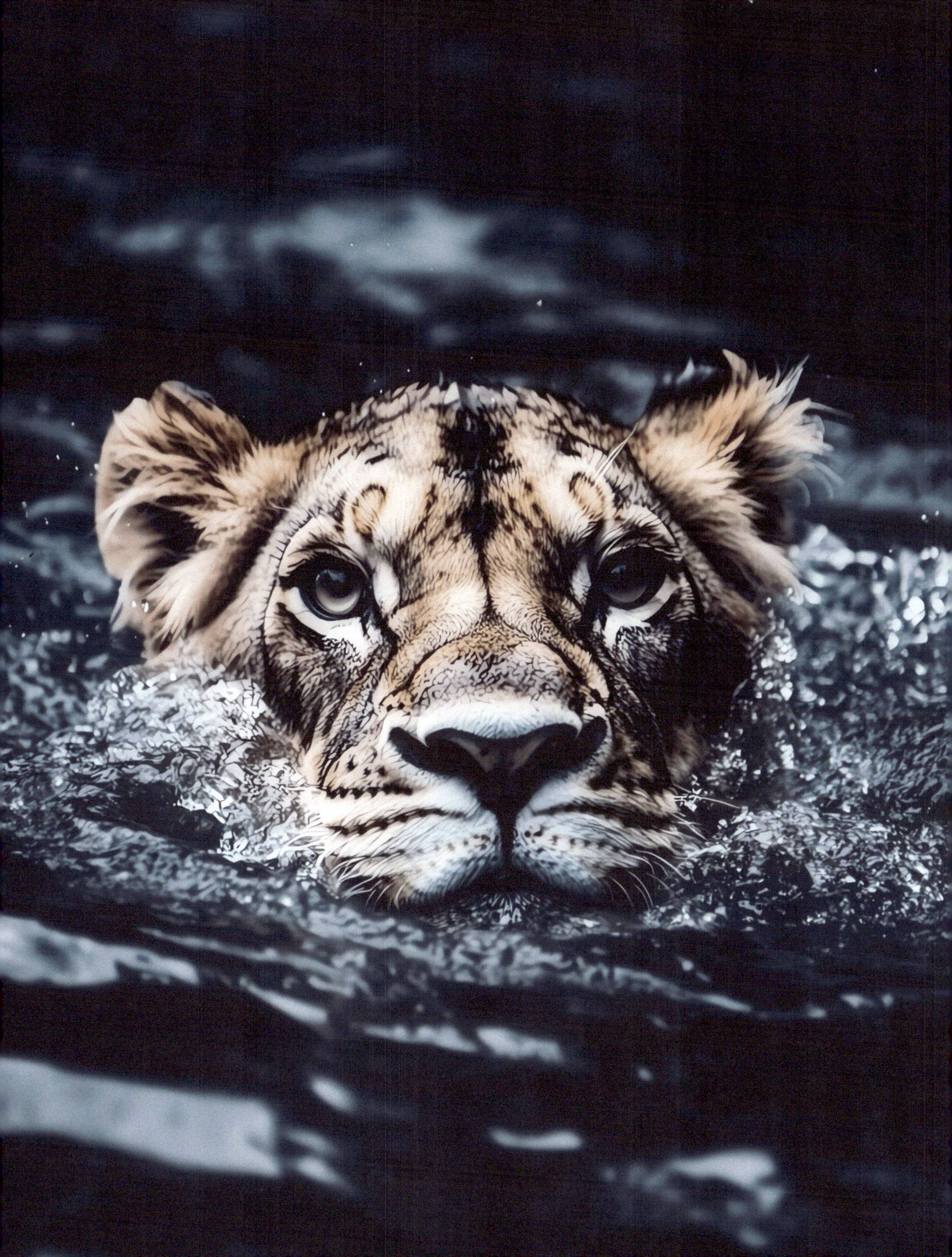

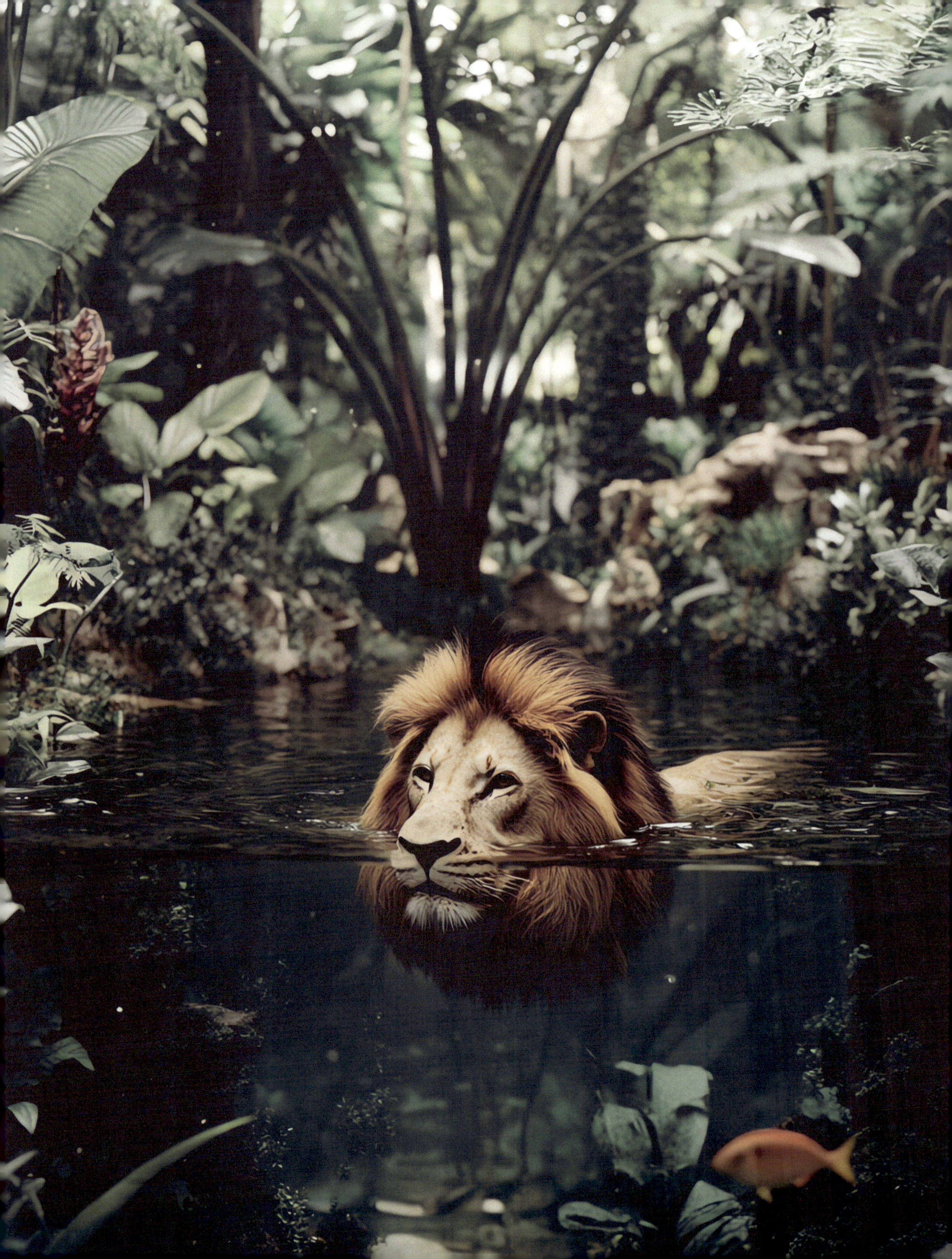

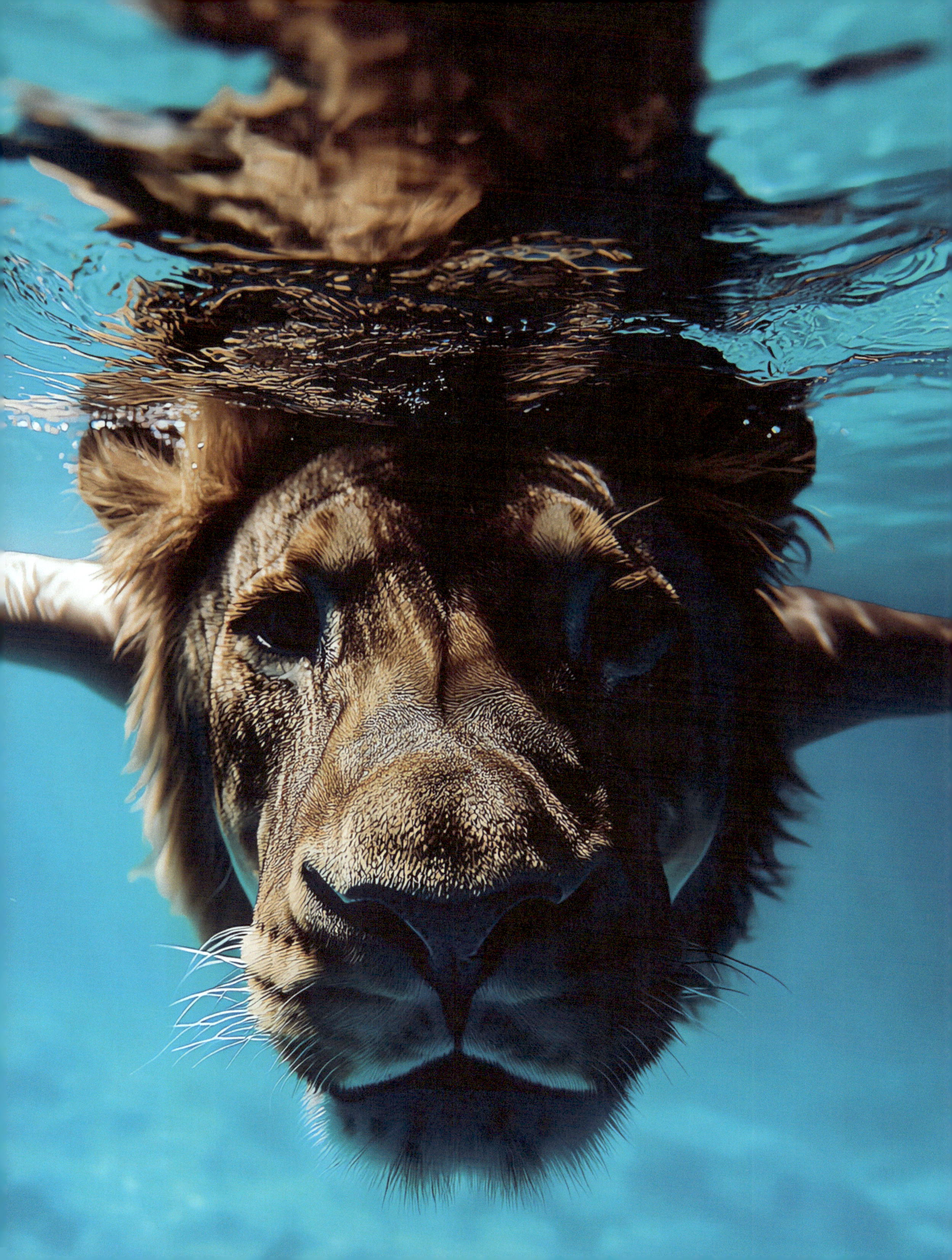

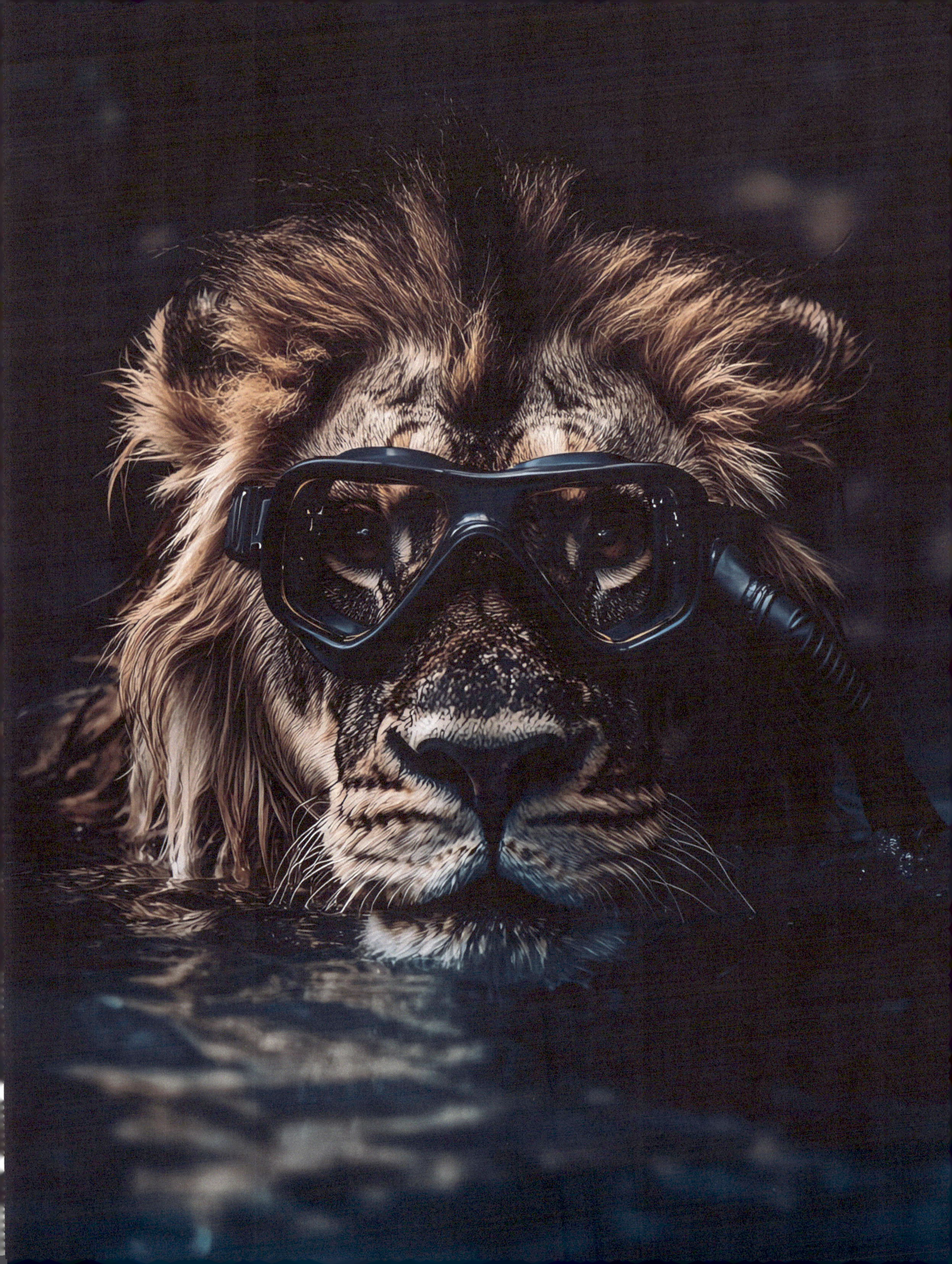

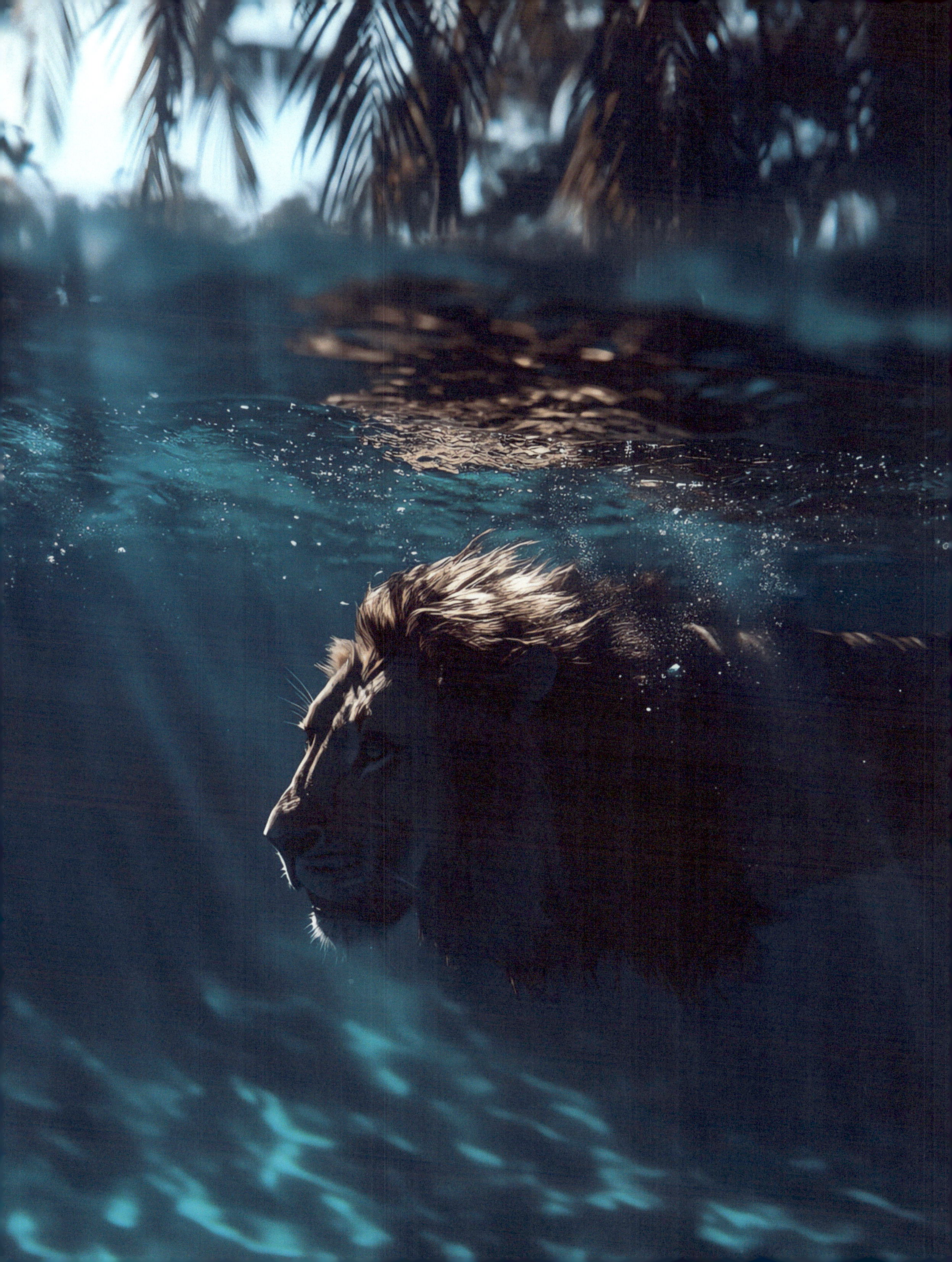

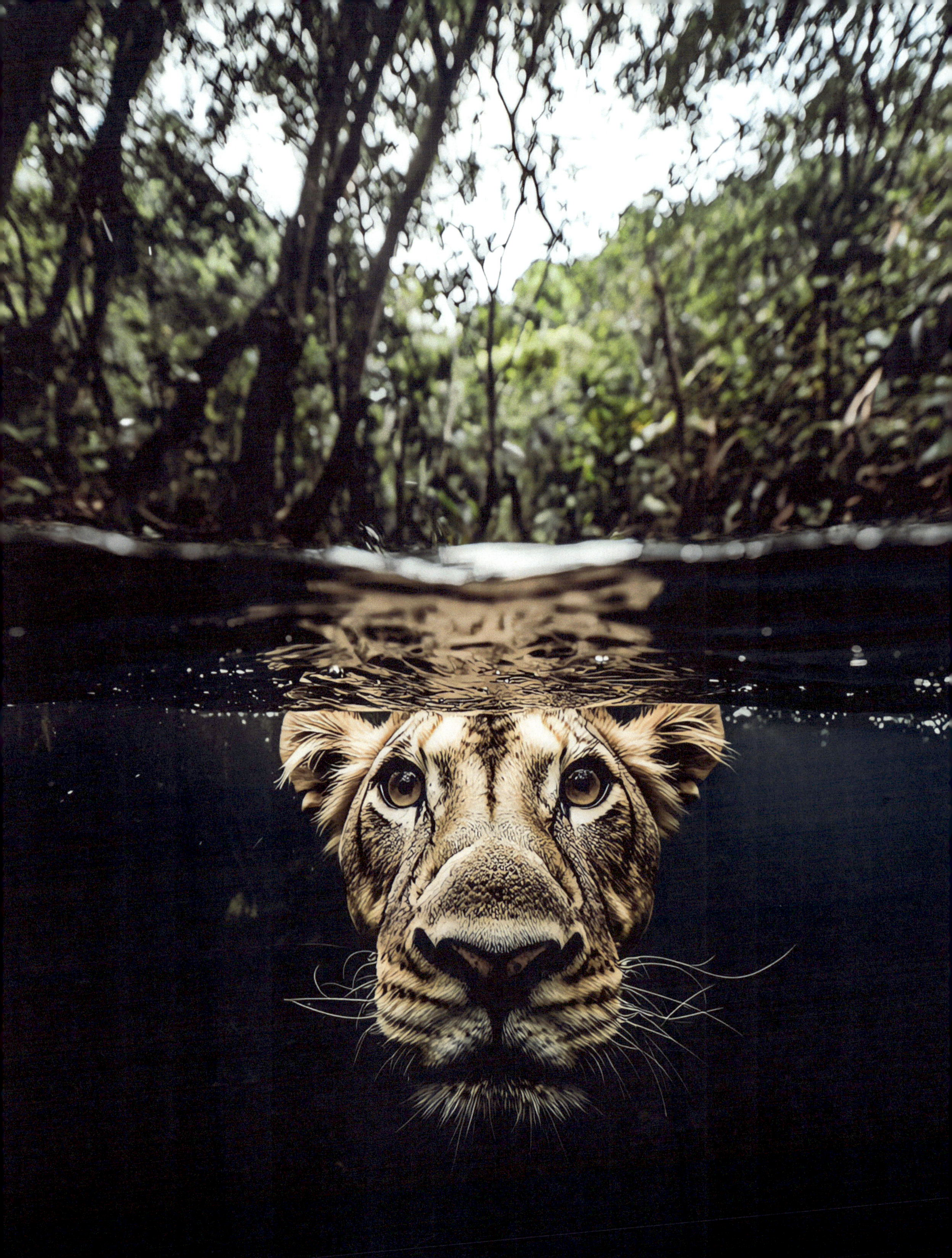

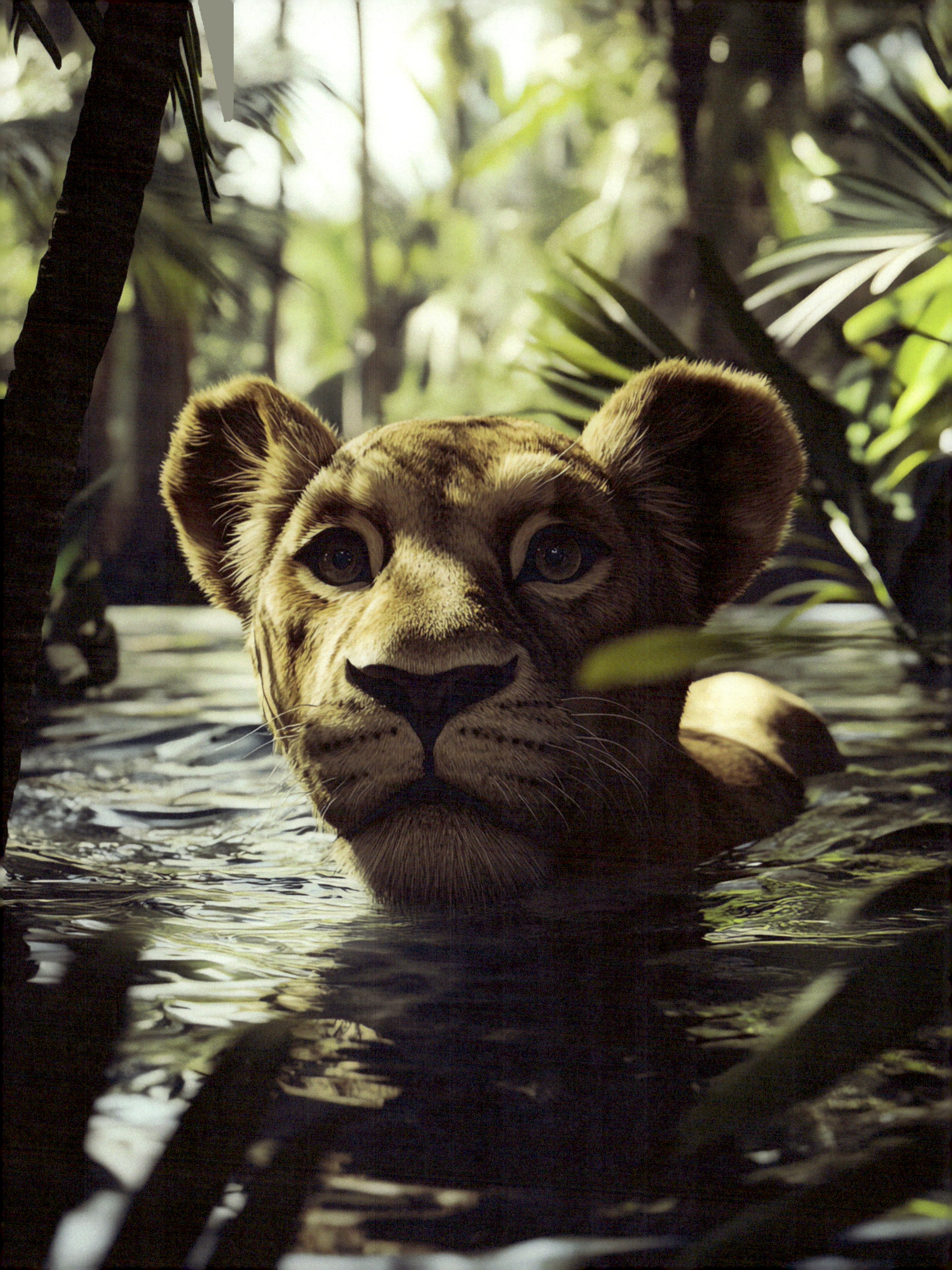

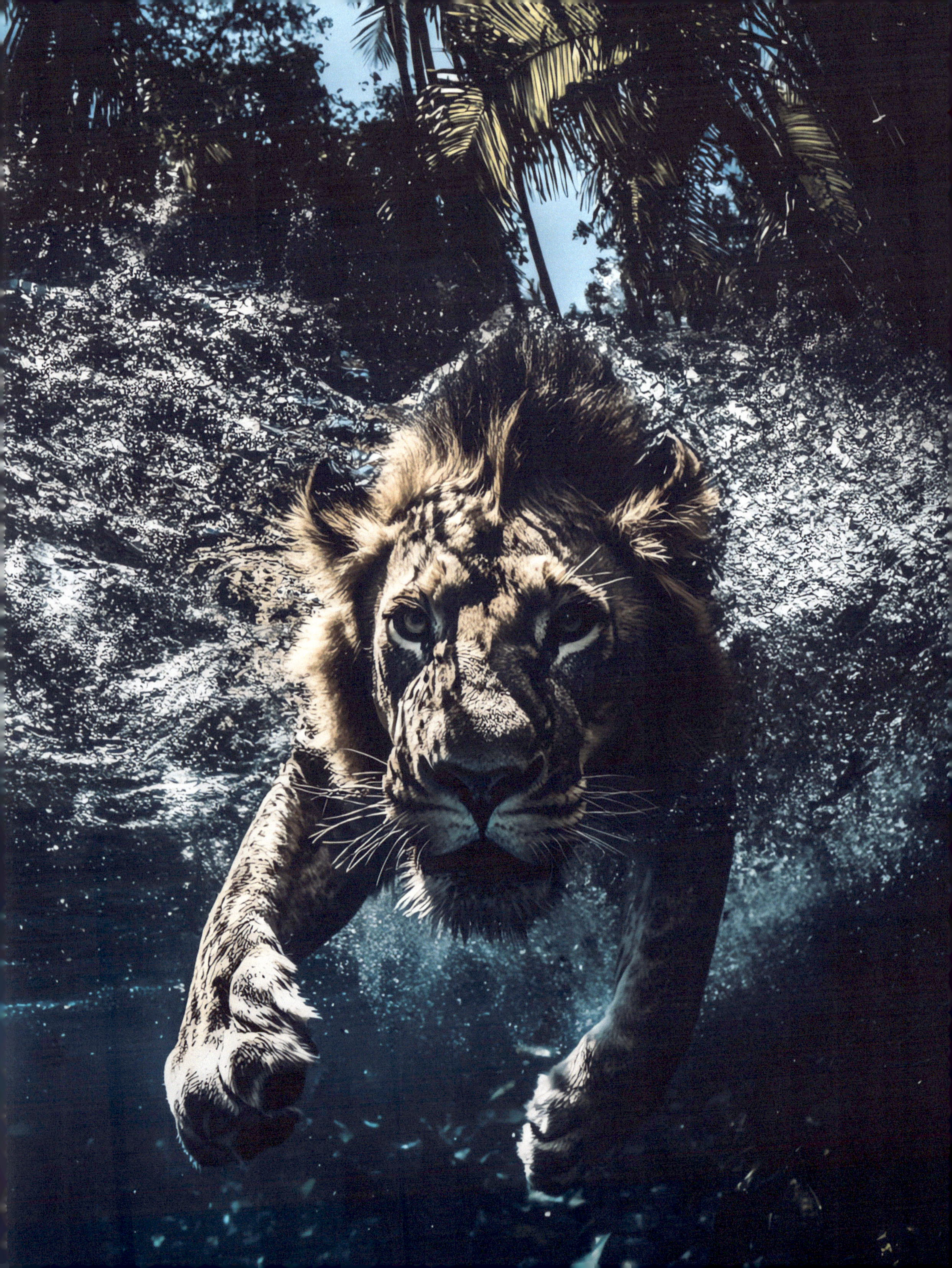

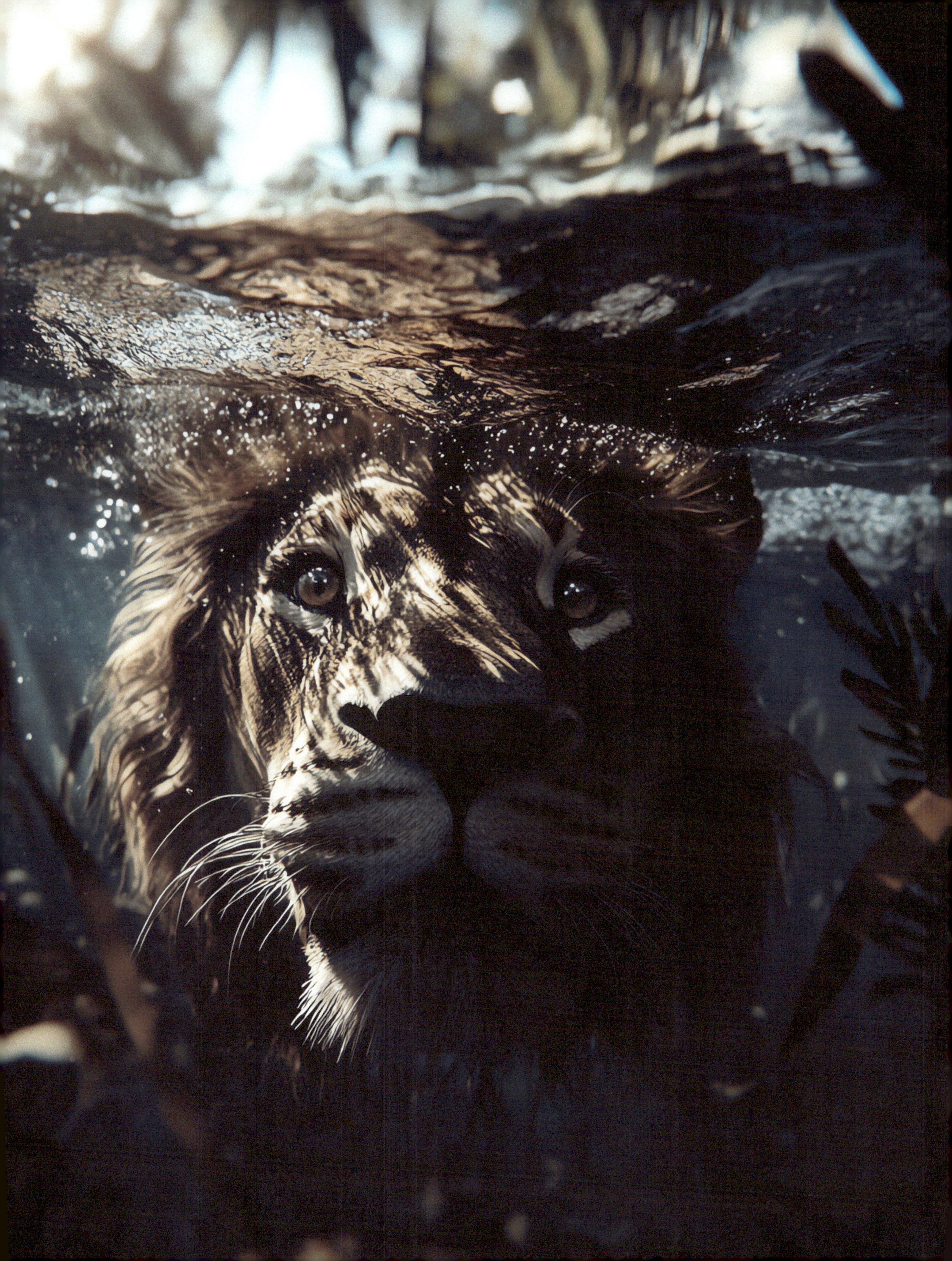

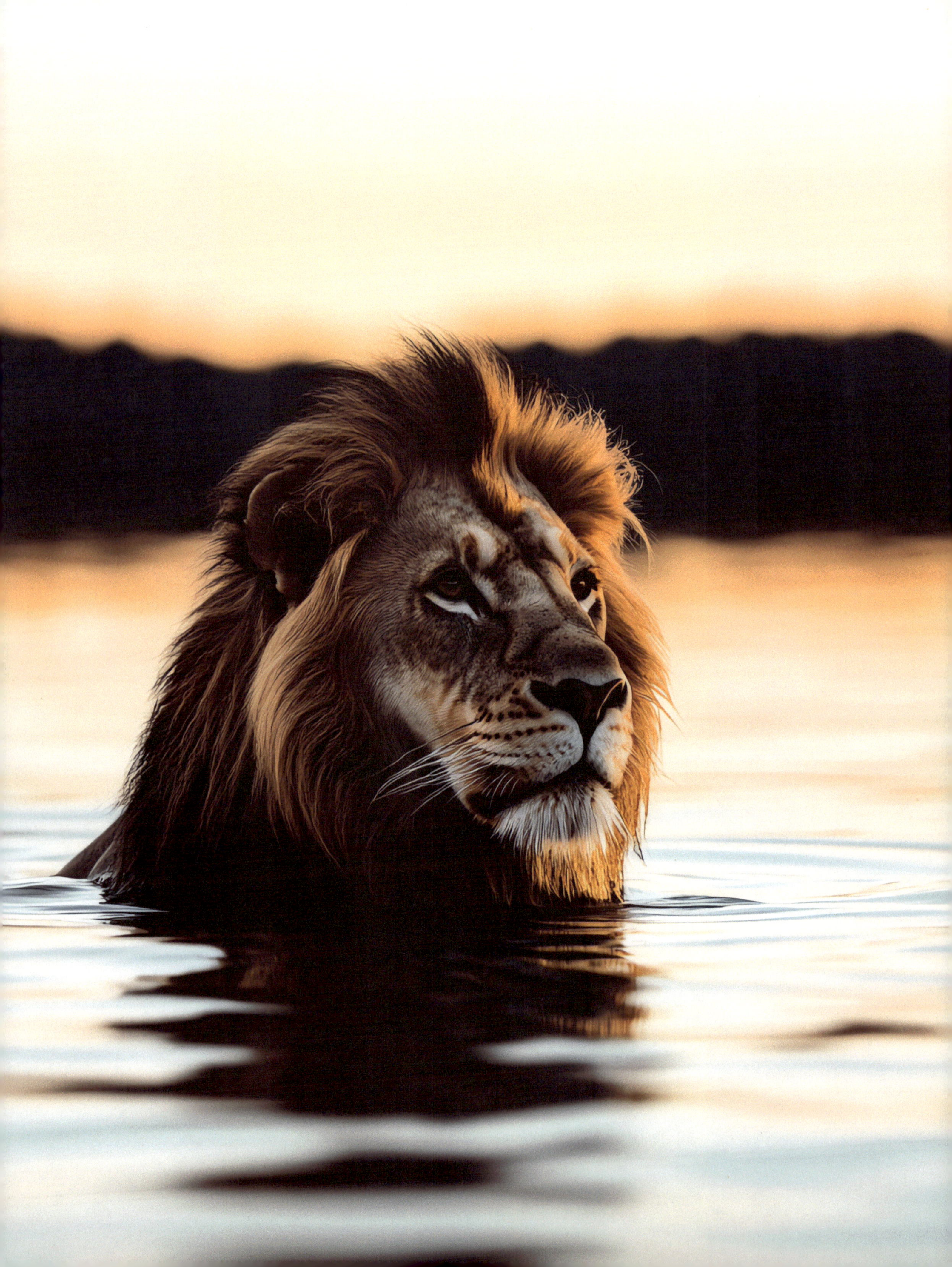

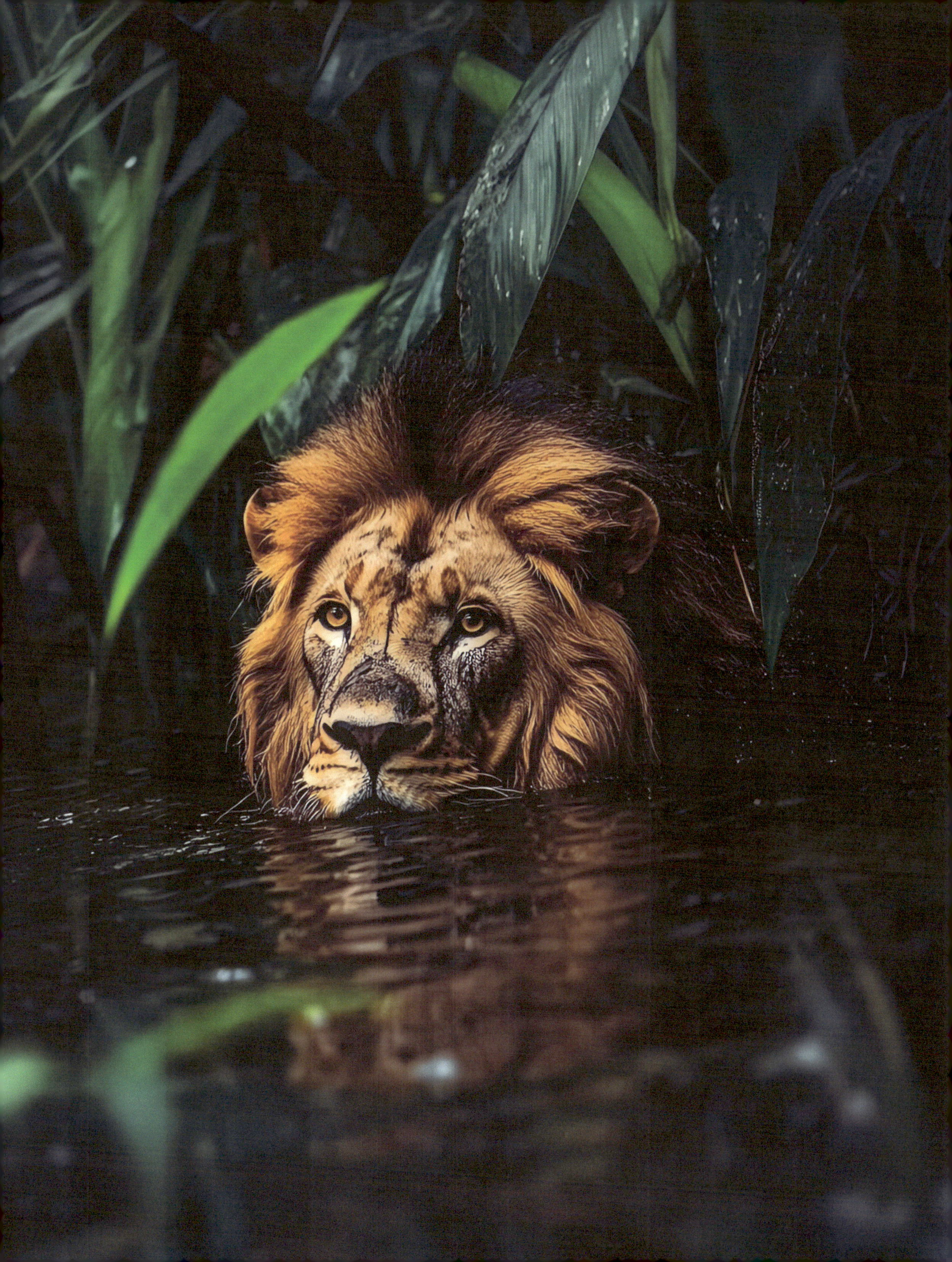

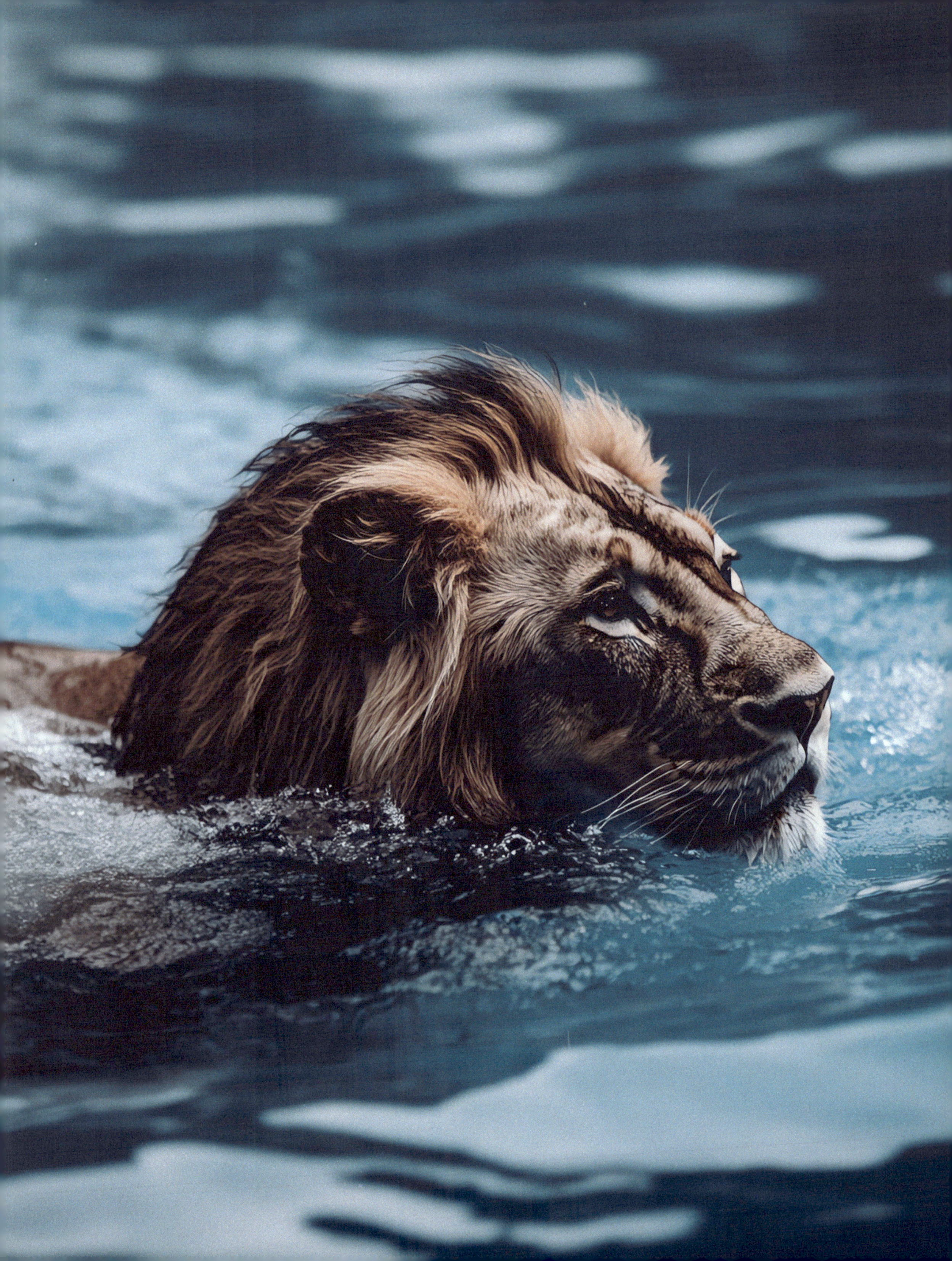

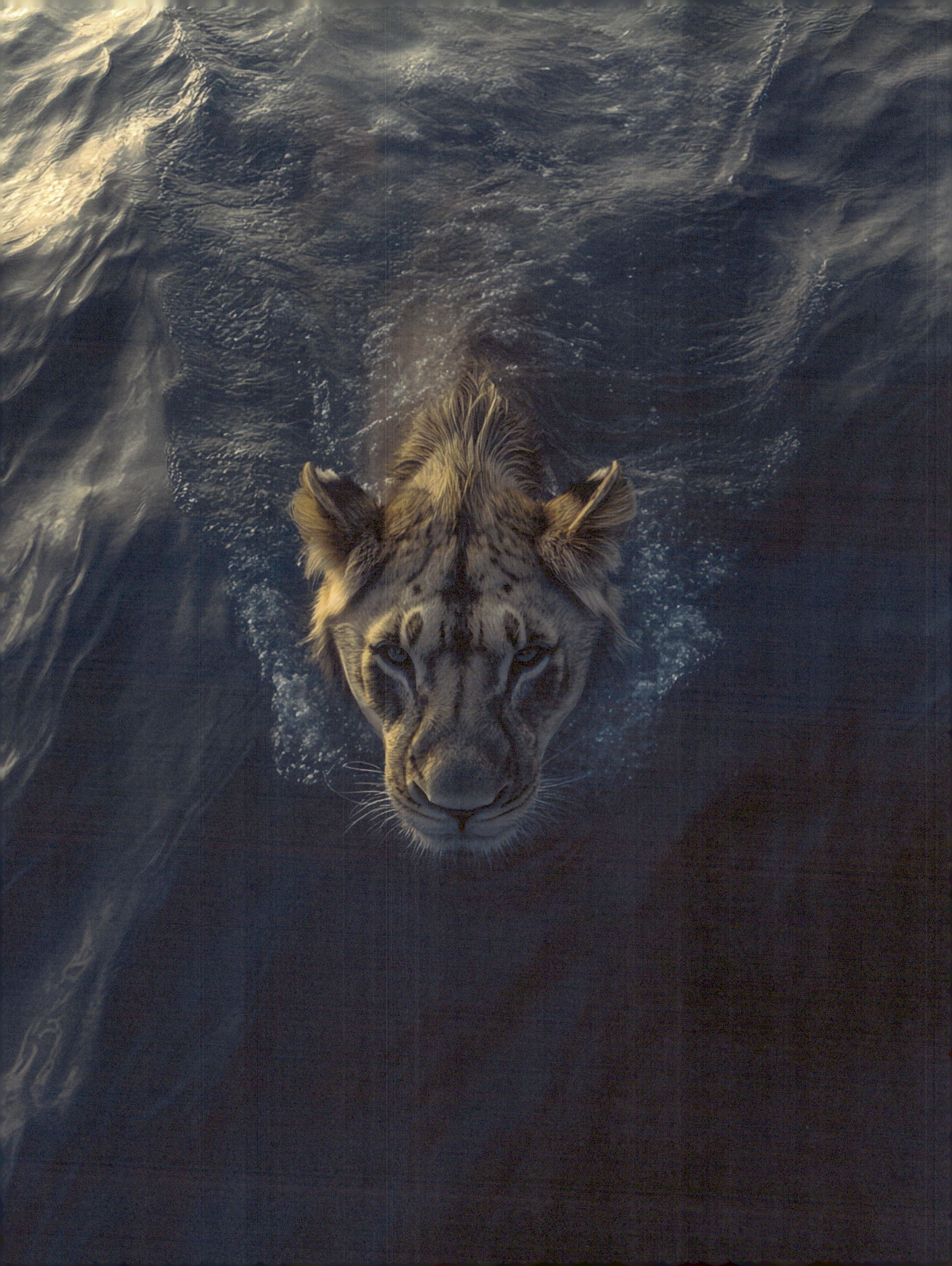

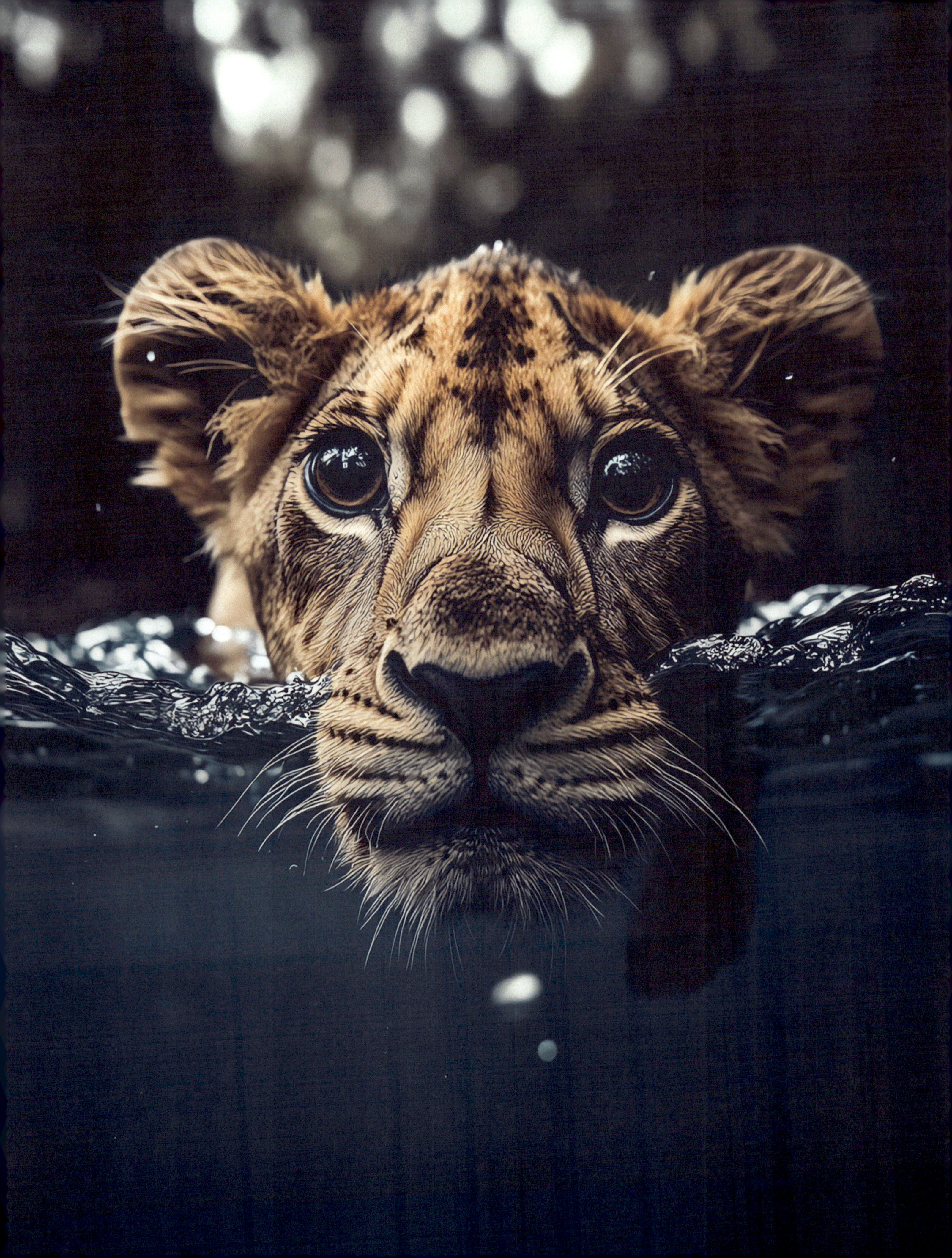